# THE INTERNATIONAL PHONETIC ALPHABET (revised to 2015) (국제음성기호(2015년 개정

## CONSONANTS (PULMONIC) (허파기류 자음)

© 201

|  | Bilabial | Labiodental | Dental | Alveolar | Postalveolar | Retroflex | Palatal | Velar | Uvular | Pharyngeal | G |
|---|---|---|---|---|---|---|---|---|---|---|---|
| Plosive | p b |  |  | t d |  | ʈ ɖ | c ɟ | k ɡ | q ɢ |  | ʔ |
| Nasal | m | ɱ |  | n |  | ɳ | ɲ | ŋ | N |  | |
| Trill | ʙ |  |  | r |  |  |  |  | ʀ |  | |
| Tap or Flap |  | ⱱ |  | ɾ |  | ɽ |  |  |  |  | |
| Fricative | ɸ β | f v | θ ð | s z | ʃ ʒ | ʂ ʐ | ç ʝ | x ɣ | χ ʁ | ħ ʕ | h |
| Lateral fricative |  |  |  | ɬ ɮ |  |  |  |  |  |  | |
| Approximant |  | ʋ |  | ɹ |  | ɻ | j | ɰ |  |  | |
| Lateral approximant |  |  |  | l |  | ɭ | ʎ | L |  |  | |

(한 칸에서 왼쪽이 무성음, 오른쪽이 유성음)

## CONSONANTS (NON-PULMONIC) (비허파기류 자음)

| Clicks | Voiced implosives | Ejectives |
|---|---|---|
| ʘ Bilabial | ɓ Bilabial | ʼ Examples: |
| ǀ Dental | ɗ Dental/alveolar | pʼ Bilabial |
| ǃ (Post)alveolar | ʄ Palatal | tʼ Dental/alveolar |
| ǂ Palatoalveolar | ɠ Velar | kʼ Velar |
| ǁ Alveolar lateral | ʛ Uvular | sʼ Alveolar fricative |

## OTHER SYMBOLS (기타 자음)

ʍ Voiceless labial-velar fricati

w Voiced labial-velar approxim

ɥ Voiced labial-palatal approx

ʜ Voiceless epiglottal fricative

ʢ Voiced epiglottal fricative

ʡ Epiglottal plosive

ɕ ʑ Alveolo-palatal fricatives

ɺ Voiced alveolar lateral fl

ɧ Simultaneous ʃ and x

## VOWELS (모음)

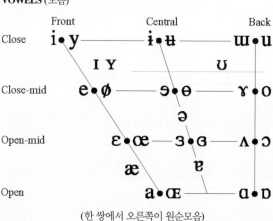

(한 쌍에서 오른쪽이 원순모음)

## DIACRITICS (첨가부호)

| | | | | | | | | |
|---|---|---|---|---|---|---|---|---|
| ̥ | Voiceless | n̥ d̥ | ̤ | Breathy voiced | b̤ a̤ | ̪ | Dental | t̪ d̪ |
| ̬ | Voiced | s̬ t̬ | ̰ | Creaky voiced | b̰ a̰ | ̺ | Apical | t̺ d̺ |
| ʰ | Aspirated | tʰ dʰ | ̼ | Linguolabial | t̼ d̼ | ̻ | Laminal | t̻ d̻ |
| ̹ | More rounded | ɔ̹ | ʷ | Labialized | tʷ dʷ | ̃ | Nasalized | ẽ |
| ̜ | Less rounded | ɔ̜ | ʲ | Palatalized | tʲ dʲ | ⁿ | Nasal release | dⁿ |
| ̟ | Advanced | u̟ | ˠ | Velarized | tˠ dˠ | ˡ | Lateral release | dˡ |
| ̠ | Retracted | e̠ | ˤ | Pharyngealized | tˤ dˤ | ̚ | No audible release | d̚ |
| ̈ | Centralized | ë | ̴ | Velarized or pharyngealized | ɫ | | | |
| ̽ | Mid-centralized | e̽ | ̝ | Raised | e̝ | ( ɹ̝ = voiced alveolar fricative) | | |
| ̩ | Syllabic | n̩ | ̞ | Lowered | e̞ | ( β̞ = voiced bilabial approximant) | | |
| ̯ | Non-syllabic | e̯ | ̘ | Advanced Tongue Root | e̘ | | | |
| ˞ | Rhoticity | ɚ a˞ | ̙ | Retracted Tongue Root | e̙ | | | |

## SUPRASEGMENTALS (초분절소)

| | | |
|---|---|---|
| ˈ | Primary stress | ˌfoʊnəˈtɪʃən |
| ˌ | Secondary stress | |
| ː | Long | eː |
| ˑ | Half-long | eˑ |
| ̆ | Extra-short | ĕ |
| \| | Minor (foot) group | |
| ‖ | Major (intonation) group | |
| . | Syllable break | ɹi.ækt |
| ‿ | Linking (absence of a break) | |

## TONES AND WORD ACCENTS (성조와 악센트)

| LEVEL | | | CONTOUR | | |
|---|---|---|---|---|---|
| e̋ or | ˥ | Extra high | ě or | ˩˥ | Rising |
| é | ˦ | High | ê | ˥˩ | Falling |
| ē | ˧ | Mid | e᷄ | ˧˥ | High rising |
| è | ˨ | Low | e᷅ | ˩˨ | Low rising |
| ȅ | ˩ | Extra low | e᷈ | ˧˦˧ | Rising-falling |
| ↓ | Downstep | | ↗ | Global rise | |
| ↑ | Upstep | | ↘ | Global fall | |

# 음성학개론

# 음성학개론

김진우 지음

한국문화사

# 음성학개론

**1판 1쇄 발행**  2020년 2월 10일
**1판 2쇄 발행**  2022년 9월 16일

**지 은 이** | 김진우
**펴 낸 이** | 김진수
**펴 낸 곳** | 한국문화사
**등     록** | 제1994-9호
**주     소** | 서울시 성동구 아차산로49, 404호(성수동1가, 서울숲코오롱디지털타워3차)
**전     화** | 02-464-7708
**팩     스** | 02-499-0846
**이 메 일** | hkm7708@daum.net
**홈페이지** | http://hph.co.kr

ISBN 978-89-6817-837-5  93700

· 이 도서의 국립중앙도서관 출판예정도서목록(CIP)은 서지정보유통지원시스템 홈페이지
  (http://seoji.nl.go.kr)와 국가자료종합목록 구축시스템(http://kolis-net.nl.go.kr)에서
  이용하실 수 있습니다. (CIP제어번호 : CIP2020003764)

Peter Ladefoged (1925-2006) 교수님께

왼쪽부터: Peter Ladefoged 교수, David Abercrombie 교수, 저자
(1969년 여름 University of Illinois 저자의 연구실에서)

　일리노이대학교에서 거의 40년(1967-2006), 연세대학교에서 5년(2007-2012)간 음성학을 가르치면서 언젠가 음성학 개론서를 써야겠다고 마음 먹었었다. 그러나 늘 고질적인 게으름(부모님으로 받은 유전인자!?)과 바쁨(직장의 횡포?)이 공모하여 뜻을 이루지 못하였다. 패자의 변이다.

　2012년 교수직에서 퇴임한 후 시간이 있었지만, 2010년 가을 아내가 세상을 떠나자 연구와 저술의 의욕을 잃고 집필에 착수하지 못했다. 몇 해 후 생기를 되찾고선 우선 졸저 『언어』의 제3판 작업에 전심하여 2017년 여름에 책이 출판되고 나서야 그때부터 본서의 집필을 준비할 수 있게 되었다. 작년(2018년)에는 관련 도서와 논문을 탐독하고, 2018-19년 겨울 3개월간은 서울에서 월동하며 초고를 쓰고, 이를 3월 중순에 한국문화사에 전달한 뒤 출국하였다. 초고인 만큼 미완품이었는데도 출판사가 기꺼이 받아주어서 고맙기 그지없다.

　시중에는 음성학 개론서가 꽤 있다. 이 저서들보다 더 나은 것을 쓰는 것이 목적이 아니고, 저자가 일생 배우고 가르친 것을 후세에 남겨놓고 싶은 강력한 의욕에 따라서 썼을 뿐이다.

　저자에겐 화려한(?) 계보가 있다. 저자의 스승이 Peter Ladefoged 교수이고, Ladefoged의 스승은 David Abercrombie이고 (vi쪽에 셋의 사진이 있다), Abercrombie의 스승은 Daniel Jones이고, Jones의 스승은 Henry Sweet이다. 그렇다고 저자가 이 계보를 이어간 세손이라곤 말할 수 없다 (이 영예는 아마도 Vicki Fromkin이나 John Ohala에게 갈 것이고, 영국에서는 John Wells나 Michael Ashby에게 갈 것이다.) 그래도 "서당개 3년이면 풍월을 읊는다"고, 저자가 UCLA에서 배운 것을 읊어보고 싶었다.

저자의 모든 음성학 지식은 스승인 Ladefoged 교수에게서 배운 것이다. 그래서 이 졸저를 Ladefoged(1925-2006) 교수님께 바친다. 많은 자료와 예가 저자의 노트와 7판을 거듭한 선생님의 명저 *A Course in Phonetics*에서 따왔음을 밝혀둔다.

졸저를 쓰는 데 가천대의 박충연 교수가 자료수집과 연습문제 작성, 책에 삽입할 그림, 표, 예 등의 수집을 많이 도와주었다. 교정을 여러 번 보고 「찾아보기」를 작성해준 한국문화사의 유인경 님과 말쑥한 표지 디자인을 해준 김주리 님에게도 깊이 감사한다. 또 저작물 간행에 관한 여러 사항과 정보를 늘 친절하게 저자에게 가르쳐준 조정흠 영업부장님께 진심으로 고마운 마음을 전한다.

저자의 여러 제자들(지금은 다 교수들)인 강석근, 강용순, 김경란, 김영기(Kim-Renaud), 김형엽, 모윤숙, 서미선, 손형숙, 안상철, 윤태진, 이상억, 이석재, 최한숙 등이 크고 작은 조언을 해주었다. 이 모두에게 고마운 마음을 전한다. 이들을 볼 때마다 저자의 마음이 얼마나 흐뭇해지는가를, 또 저자가 겨울마다 서울을 찾는 이유가 서울이 이곳보다 따뜻해서가 아님을 이들은 알 것이다. 내년 봄에 있을 출판기념 파티에서 이들과의 건배를 고대한다.

2019년 4월 5일
일리노이 주 어바나 시 서재에서
김진우

# ‖ 차례 ‖

# I부 들어가며

## 1장 음성학이란?

음성학(phonetics)이란 문자 그대로 음성(소리)을 연구하는 학문이다. 그러나 아무런 소리가 음성학 연구의 대상이 되는 것은 아니다. 천둥이나 바닷물결이나 바람소리 같은 자연의 소리나, 동물의 울음소리는 음성학의 대상이 아니다. 사람이 내는 소리라 하더라도, 기침소리, 신음소리, 웃음소리 등은 음성학의 연구대상에서 제외된다. 포함되는 것은 언어에 쓰이는 소리이다.

언어의 주요 매개체는 소리이다. 그러나 인간의 통신수단이 반드시 언어에만 국한된 것은 아니다. 통신량과 효율성에서 다소의 차이는 있으나, 거의 모든 오각(시각, 촉각, 후각, 청각, 미각)으로의 통신이 가능하다. 시각적 통신으로는 그림, 깃발, 로고(logo) 등이 있고, 악수, 포옹, 입맞춤, 토닥임 등은 촉각적 통신이며, 향수나 냄새로 어떤 신호를 보내고 받는 것은 후각적 통신이다. (동물 세계에서는 후각적 통신이 꽤 활발한 듯하다.) 인간의 통신수단에서 가장 비활용적인 감각은 미각인 듯하며, 제일

활용적인 통신 매개체는 청각이고, 그 다음은 시각이라고 할 수 있다.

우선 시각적 통신은 지금도 우리가 늘 쓰고 있다. 눈웃음, 윙크, 상찌푸림, 손짓, 삐죽거림, 어깨 들썩임 등으로 우리는 여러 신호를 주고받는다. 그뿐만 아니라 북미 토착민이 썼다는 연기 신호, 미국 독립전쟁 시 영국군의 진격로를 Paul Revere 정탐이 호롱 등불로 아군에게 알린 것이나("육로이면 등 하나, 해로이면 등 둘"), 선박 간 깃발이나 깜박이로 주고받는 신호는 시각적 통신이다. 그뿐만 아니라, 문자의 발달과 더불어, 문자, 직증 간증적인 교통신호, 표지판, 회사와 상품을 표시하는 로고, 및 수화(手話 sign language) 등은 시각적 통신이 얼마나 활발한가를 보여준다. 사실 시각적 신호는 소리보다 더 큰 장점이 있다고 할 수 있다. 예를 들면 소리는 닿지 않는 먼 거리에서도 신호는 보인다든가, 소리는 금방 사라지는 반면, 그림은 지속적이라든가 하는 장점이다. 그러나 시각의 단점도 있다. 주위가 어둡거나 종이 한 장으로만 가려도 시각적 신호는 보이지 않는다.

수화의 가장 큰 단점은 일정한 단위시간 안에 송신할 수 있는 통신량이 소리에 비해 크게 떨어진다는 사실이다. 아무리 손짓이 빠르다 하더라도, 1분에 200음절의 속도를 따라갈 수는 없다. 소리의 이러한 장점 때문에 소리가 언어의 주 매개체로 진화되었을 것이다. (또 두 손을 수화에 묶어 놓으면 통신 중 손을 전혀 다른 데에 쓸 수 없다는 단점도 있다. 예를 들면 악수를 한다든가, 뜨개질을 한다든가 등.)

## 1.1. 음성학과 음운론

음성학(phonetics, phonetic science)도 음운론(phonology)도 말소리(語音 speech sounds)에 관한 학문이다. 이것은 두 어휘에 음(音)자가 들어가 있는 것으로도 알 수 있다 (*phone*의 어원은 '소리'라는 뜻의 그리스어. *phonograph, telephone, microphone* 등의 단어에 들어있는 *phone*이다). 그

러면 둘의 차이는 무엇인가? 음성학이 어느 언어에서든지 쓰일 수 있는 말소리의 발성방법과 조음위치, 그리고 이의 분류방법 등을 연구대상으로 삼고 있는 것에 비해서, 음운론은 이러한 말소리들이 어떤 특정한 언어에서 갖는 기능과 체계를 연구하며, 더 나아가서 어떤 음운현상과 규칙들이 인간의 언어에 자연스러운 보편성을 띠고 있는가를 연구한다. 전자는 개별언어의 음운론(예: 국어음운론, 영어음운론)이며, 후자는 개별언어를 초월한 보편적인 음운이론(phonological theory)이다. 이렇게 말하면 둘의 사이가 독립적이고 상호 무관계한 듯 보일는지 모른다. 그러나 보편적인 음운이론이 개별언어의 음운현상의 자료를 토대로 삼고 성립되는 만큼 둘의 사이에는 불가분하고 밀접한 관계가 있다.

언어음을 벽돌에 비유한다면, 벽돌의 제조과정이나 벽돌의 구성자질과 규모 등의 언급이 음성학에 해당하고, 벽돌의 기능과 용도에 관한 언급은 음운론에 해당한다고 볼 수 있다. 간단한 예를 몇 가지 들어보자.

영어에서 설측음(lateral) [l]과 탄설음(flap) [r]이 의미의 구별을 초래하는데, 국어에서의 [l]과 [r] 소리에는 그런 변별적 기능이 없음을 초급 영어를 배운 독자라면 누구든지 잘 알고 있는 사실이다.

(1.1)  영어: law '법'      raw '날(생)것의'
　　　　play '놀다'   pray '기도하다'

　　　국어: 말 [mal] '馬; 言'　　　솔 [sol] '松'
　　　　　말이 [mari] '馬; 言'(主格)　솔이 [sori] '松(主格);'

한편 국어에선 파열음에서의 기식의 유무가 어사의 의미를 구별하는 데 비해서 이와 동일한 음성적 차이가 영어에선 그런 기능을 담당하지 않는다.

(1.2) 국어: **탈 : 딸,  풀 : 뿔,  캐다 : 깨다**

영어: team [팀] '한 패'          steam [스띰] '증기'
car [카] '자동차'          scar [스까] '상처'

그러니까 두 나라말에 다 [l]소리와 [r]소리가 있고, 또 유기파열음과 무기파열음이 있으나, 국어에선 [l]과 [r] 사이에 변별적 기능이 없는 반면, 영어에선 유기와 무기의 차이에 변별적 기능이 없으며, 반대로 [l]과 [r]는 변별적이다.

두 언어에서의 다른 음운현상의 예를 또 하나 들어보자. 국어에선 파열음이 비자음(鼻子音) 앞에서 비음화된다.

(1.3) **십만(十萬)**  발음 [심만]     비교: **십칠** [십칠]
**닫는다(閉)**  발음 [단는다]     비교: **닫아라** [다다라]
**국민(國民)**  발음 [궁민]     비교: **국가** [국까]

그런데 영어에선 파열음이 비자음 앞에서 비음화되지 않는다.

(1.4) topmost [tɑpmoʊst], *[tɑmmoʊst] '맨 위'
catnap [kætnæp], *[kænnæp] '풋잠'
back number [bæknʌmbər], *[bæŋnʌmbər] '묵은 호'(잡지)

즉 음성적으로는 같은 어음(파열음)이 같은 환경(비자음 앞)에서인데도 어떤 나라 말(국어)에서는 비음화되고 어떤 나라 말(영어)에서는 비음화되지 않음을 볼 수 있다. (자동차의 *back mirror*가 한국어에서 [빽미러]로 '변신'한 것은 국어의 음운규칙을 외래어에 적용한 때문이다. 컵라면이 [컴나면]으로 되는 것도 같은 연유에서이다.)

음운론과 언어이론에 제공하는 음성학의 이바지는 '13장(음성언어학)'에서 더 상세히 설명할 것이다.

## 1.2. 말 고리(The Speech chain)

Denes and Pinson(1963, 재판 1993)의 책 제목 *The Speech Chain*(말고리)은 통신이 연쇄작용임을 시사한다. 즉 화자가 청자에게 전달하고 싶은 메시지를 두뇌에서 발상해서 이를 어떤 문장으로 엮은 다음, 이 문장의 발화를 명령한다. 이 명령은 신경섬유를 통해 발성기관에 도착하고, 발성기관은 이 명령을 시행한다. 화자의 발동은 공기 분자로 변신되어 공중을 거쳐 청자의 귀에 도착한다. 청자는 그의 청각기관에서 공기 분자의 진동을 뇌파로 변신시켜 이를 신경섬유를 통해 자기의 뇌에 보낸다. 청자가 이 뇌파에서 화자가 의도한 대로의 메시지를 재구하면 성공적인 통신이 이루어진다. (원래의 메시지를 잘못 재구하면 오해가 일어난다.)

말(speech)이 고리(chain) - 연쇄작용 - 임을 이에 알 수 있다. 여기서 하나 유의할 것은, 고리를 거치면서 매개체에 변형(transformation)이 일어난다는 사실이다. 즉 신경 섬유를 타고 내려오는 발상시의 뇌파는 발성기관에서 근육의 운동으로 변신하고, 근육의 발동은 화자를 떠나면서 공기 분자의 진동으로 변신하고, 이 진동은 다시 뇌파로 변신하여 청자의 두뇌에 도달한다는 사실이다. 이런 의미에서 음성학도 변형문법(transformational grammar)이다!?

이런 말 고리는 대체로 세 부분으로 이루어져 있다고 할 수 있다. (1) 메시지의 발신(production), (2) 메시지의 전달(transmission), 및 (3) 메시지의 수신(reception)이다. 발성기관의 작동을 **조음**(articulation)이라고 하고, 이 조음이 공중파를 타고 청자의 귀에 도착하는 과정을 **음향**(acoustics)이라고 하며, 청자가 음파를 처리하는 것을 **청각**(audition)이라고 한다. 그리하여 음성학에는 **조음음성학**(articulatory phonetics), **음향음성학**(acoustic phonetics), 및 **청각/지각음성학**(auditory phonetics)의 세 분야가 있다.

이 책에서는 이 순서로 음성학을 다룰 것이다. 즉 제II부가 조음음성학, 제III부가 음향음성학, 제IV부가 청각/지각음성학이다. 제V부에서 음성학 이론에 대한 짧은 언급이 있을 것이다.

## 1.3. 말소리의 단위

모든 학문은 그 학문의 연구대상이 되는 현상/사물의 최소단위를 규정하고 분류하는 데서 시작한다. 그리하여 화학에 원소(元素)가 있고, 물리학에 원자(原子)가 있으며, 생물학에는 종(種 species)이 있다. 말소리의 최소단위는 무엇일까?

말의 단위는 규격(사이즈)에 따라 다를 수 있다. 문장의 단위는 단어이며, 단어의 단위는 음절이고, 음절의 단위는 낱소리이다. 언어를 표기하는 문자를 보면, 모든 가능성이 다 보인다. 문자의 단위가 단어인 단어문자(logograph), 음절이 단위인 음절문자(syllabary), 그리고 낱소리가 표기의 단위인 음소(音素)문자(phonemic script)이다. (흔히 알파벳 alphabet이라고 한다.) 중국어의 한자(漢字)가 단어문자의 예이며 (山 '산', 月 '달', 子 '아들' 등은 더 이상 작은 단위로 쪼갤 수 없는 단어문자이다), 일본어의 가다가나/히라가나가 음절문자의 예이고, 한글, 로마자 등이 음소문자(알파벳)의 예이다.

음소문자에는 대체로 소리와 글자와의 사이에 1 대 1의 관계가 있다. 한글에서 山을 ㅅ ㅏ ㄴ 의 세 자로 쓰고, 영어에서 *dog* '개'를 d o g

의 세 자로 쓰는 데에는 자의적이 아닌 타당한 이유가 있다. 두 나라말에서 '산', 'dog'가 각기 세 소리로 구성되어 있다고 화자들이 의식하기 때문이다. (알파벳의 경우, 두 글자가 한 소리를 나타낼 수도 있고 (예: ph = [f], ch = [k]), 반대로 한 글자가 두 소리를 나타낼 수도 있지만 (예: x = [ks]) 이는 예외이다).

그러면 이러한 말소리(분절음 分節音 segment)는 어떤 기준으로 분류할 수 있을까? 음향학적으로 볼 때, 소리에는 세 가지 자질이 있다. 소리의 길이(length)와, 피치(pitch, 소리의 고저)와 크기(loudness)이다. 음악에서는 이 자질들이 큰 역할을 하며 엄격히 규정된다. 그러나 언어에서는 나중에(II.7) 좀 더 자세히 보겠지만, 성조(聲調 tone), 억양(抑揚 intonation), 강세(強勢 stress, accent), 음장(音長 length) 등의 역할을 하긴 하지만, 분절음에서는 그리 큰 기능이 없다. 이 자질들을 **초분절소**(初分節素, suprasegmentals)라고 부르는 것은 이 때문이다.

그뿐만 아니라 음향학은 1950년대 이후 전자시대의 도래와 더불어 발달된 것으로 그 역사도 짧거니와 일반 대중의 소리에 관한 물리적 지식도 얕기 때문에, 소리의 음향적 자질에 의한 분류에 앞서, 소리의 발성 방법과 과정에 의한 전통적인 분류방법을 살펴보기로 하겠다. 이러한 조음적인 분류방법은 또 인종을 막론하고 발성기관의 해부학적인 구조가 거의 똑같기 때문에, 이런 식의 분류가 어느 나라 말의 말소리에도 적용할 수 있는 보편성(universality)을 띠고 있다는 장점도 있음을 유의해야 할 것이다.

분절음보다 더 작은 단위인 변별적자질은 12장에서 살펴볼 것이다.

# 2장 발성기관(Organs of speech)

## 2.1. 발성(Phonation)

말소리는 기류(airstream)를 구강에서 조음(articulate)하면서 나온다. 기류를 통제하는 조음기관을, 강물의 흐름을 통제하는 댐(dam)에 비유할 수 있는데(3.1 참조), 이를 밸브(valve)라고 한다면, 허파에서의 기류(pulmonic airstream)가 대기로 나오면서 처음 만나는 밸브가 성대(vocal folds)이다.[1]

말의 소리는 발성기관에서 만들어진다. 그런데 이른바 **발성기관**(organs of sound production)이란 것은 말소리를 내기 위해서 진화된 것이 아님을, 그래서 발성에 꼭 이상적인 기관이 아닐 수도 있음을 유의해야 한다. 원래 혀는 입안에 있는 음식을 돌리고 음식물의 맛을 보기 위해서, 이(齒牙)는 음식물을 씹기 위해서, 허파는 호흡을 위해서 진화된 것이다. 인류에 언어가 발생함에 따라, 그리고 언어의 주 매개체로 소리가 선택됨에 따라, 이 기관들을 이차적으로 적용하게 된 것이다.

그러면 우선 이러한 발성기관의 구조와 성능과 작용을 알아야 할 것이며, 이를 위해서는 발성기관의 하부기관들의 위치와 명칭을 알아야 할 것이다. 다음 그림은 이를 보여주고 있다.

---

[1] 성대를 전에는 'vocal chords'라고 했고 지금도 그렇게 많이 불리고 있으나, 'vocal folds'가 더 적합한 용어이다. 정확한 해부학 지식이 없었던 19세기에 발성의 도구가 목관악기처럼 기관지에서 울어나오는 것인가, 아니면 현악기처럼 줄을 타고 나오는 것인가 하는 토론이 있었다. 후자의 설이 이기면서 발성은 '끈, 줄'을 타고 나온다고 성대가 *vocal chords*라고 불리게 되었다. 그러나 성대는 한 쌍의 가느다란 끈이 아니고, (2.6)에 있는 사진에서 볼 수 있듯이 두툼한 연골이다. 그러므로 *vocal folds*가 더 적합한 용어이다.

(2.1) 조음기관

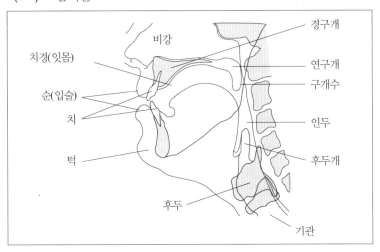

발성기관의 명칭:

   alveolar ridge (잇몸, 치경 齒莖, 그냥 alveola라고도 한다)

   epiglottis (후두개 喉頭蓋)

   glottis (성문 聲門)

   hard palate (경구개 硬口蓋)

   larynx (후두 喉頭)

   lips (입술, 순 盾)

   mandible (턱)

   nasal cavity (비강 鼻腔)

   oral cavity (구강 口腔)

   pharynx (인두 咽頭)

   teeth (이, 치아 齒牙)

   tongue (혀, 설 舌)

   trachea (기관 氣管)

   uvula (목젖, 구개수 口蓋垂)

   velum (연구개 軟口蓋 soft palate)

조음에서의 성대의 역할은 매우 크고 중요한 것이므로, 이를 구강 안에서의 조음과 구별하여 **발성**(phonation)이라는 이름으로 따로 다룬다. 발성에는 성대의 **진동**(voicing) 여부와, 진동의 양상(pattern)과, 진동과 구강 조음과의 시간관계를 다루는 **기식**(氣息 aspiration)이라는 것이 있다. 이를 차례로 다룬다.

## 2.2. 성대 진동(Voicing)

해부학적으로 볼 때 성대의 위치는 다음과 같다. 기관(氣管 trachea) 위에 반지 모양으로 둥근 연골이 얹혀있다. 뒤가 앞보다 조금 더 높은데, 반지모양이라고 해서 **반지연골** 또는 **환상연골**(環狀軟骨 cricoid cartilage)라고 한다. 이를 둘러 싼 연골이 **갑상연골**(甲狀軟骨 또는 **방패연골** thyroid cartilage)인데, 앞과 옆만 둘러싸고 뒤는 열려있다 (많은 남자의 경우 갑상연골의 앞 윗부분이 튀어나온 것을 결후(結喉 Adam's apple)라고 한다).

(2.2) 성대 부근의 골격

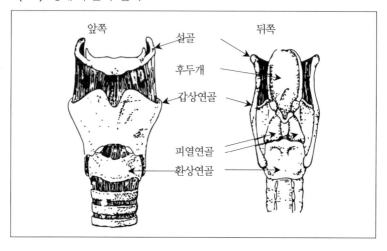

환상연골의 뒤 위에 한 쌍의 세모꼴 모양의 작은 연골이 있는데 이를 **피열연골**(披閱軟骨 또는 **모뿔연골** arytenoid cartilage)라고 한다. 이 피열연골로부터 갑상연골의 앞쪽 안까지 한 쌍의 띠가 연결되어 있는데 이것이 성대이다. 성대는 갑상연골에는 고착되어있지만, 피열연골이 벌어지기도 하고 닫히기도 하는데 이에 따라 피열연골에 고정된 성대가 열리기도 하고 닫히기도 한다. 여느 때는 활짝 열려있어서 그림에서 위쪽이 앞쪽이라고 할 때, 뾰족한 삼각형 모양을 띤다. 우리가 호흡을 할 때에는 이렇게 활짝 열린 성대 틈으로 공기가 들락날락한다. 성대가 열린 상태로 (호흡 때보다는 훨씬 작게) 성대의 진동 없이 나는 소리를 **무성음**(無聲音 voiceless 또는 unvoiced)이라고 한다.[2]

(2.3) 성대 구조 조감도

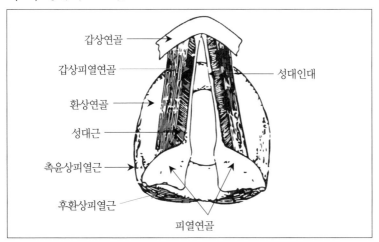

---

[2]  무성이라도 원래 유성이었던 소리가 어느 환경(대체로 무성음 환경)에서 성대진동을 잃을 적에는 탈성(脫聲, devoiced)이라고 한다. 예: *trip*[tr̥ip], *play*[pl̥ej], *kaput*[kə̥put], *suppose*[sə̥pouz] 등. 탈성의 식별부호는 기호 밑의 작은 동그라미[◌̥]이다.

대개의 자음, 특히 이른바 **저해음**(沮害音 obstruent) - 파열음, 마찰음, 파찰음 - 은 구강에서의 조음 시 성대가 열려있는 것이 상례이다. 이 상태를 **무성**(voiceless 또는 unvoiced)이라도 하고, 성대가 닫히면서 진동이 동반하면 **유성**(voiced)이라고 한다. 저해음에서는 무성이 무표적(無標的 unmarked)이다. 무성 저해자음만 있고 유성 저해자음은 없는 언어는 있을 수 있으나, 반대로 유성 저해자음만 있고 무성 저해자음은 없는 언어는 없다. (국어의 자음은 비자음(鼻子音 nasal consonants)만 제외하면 다 무성음이다.)

반대로 성대의 진동을 수반하며 생성되는 말소리를 **유성음**(有聲音 voiced)이라고 한다. 성대의 진동은 다음과 같은 과정과 물리적 원리로 일어난다. 우선 성대를 느슨히 닫고 숨을 내뿜으려고 한다. 그런데 성대가 닫혀있어서 성대 밑의 기압이 올라간다. 이 높아진 기압이 성대를 연다. 센 바람이 살짝 닫힌 문을 열어젖히는 것처럼. 이 열린 성대 사이로 기류가 빠져나가자마자, 다음 두 현상이 성대를 바로 닫는다. (1) 성대를 닫으려는 원래의 의도와 (2) 이른바 Bernoulli effect("**베르눌리 효력**")이다.

Bernoulli effect(베르눌리 원리 Bernoulli principle이라고도 함)란 18세기 스위스의 수학자/물리학자인 Daniel Bernoulli(1700-1782)의 이름을 따서 지은 현상인데, 액체나 기류가 좁은 통로를 고속으로 지날 때, 그 자리에 저기압이 생성된다는 원리이다.

이 원칙 때문에 자동차가 좁은 골목을 과속으로 지나갈 때 지나간 자리로 길옆의 낙엽이 쏠린다던가, 작은 샤워실에서 빠른 샤워 물줄기가 흘러 내려가면 샤워 커튼이 안으로 휘는 것은 이 때문이다. 암튼 성대(후두) 사이로 기류가 빠져나가자 이 베르눌리 효력과 성대를 닫으려는 의도로 인해 성대가 닫힌다. 성대가 닫히면 밖으로 나가려는 기류 때문에 성대 밑의 기압이 올라가고, 이 올라간 기압이 성대를 열고 이 틈으로 기류가 빠져나간다. 그러면 베르눌리 효력으로 성대가 다시 닫히게 되고, 성대가 닫히면 성대 밑의 기압이 올라가서 성대를 열고... 이 현상이 반복되면서 성대의 진동이 이루어진다.

여기서 두 가지 유의할 것이 있다. 처음 성대를 닫을 때 느슨하게 닫아야 하며 단단히 닫으면 안 된다는 사실과 (꼭 닫으면 성대 밑의 기압이 성대를 열지 못한다), 성대의 진동 즉 성대를 여닫는 반복적 행위가, 손뼉을 치거나 발을 굴리듯 일일이 두뇌의 명령으로 이루어지는 것이 아니며, 느슨히 닫힌 성대에 기류를 제공하면 저절로 발생하는 물리적 현상이라는 사실이다. 우리가 두 입술을 느슨히 닫고 숨을 내뿜으면 입술이 떨릴 것이다. 이 떨림은 입술을 닫고 열어라 하는 명령이 두뇌에서 지속적으로 오기 때문이 아니다.

무성(성대 열림), 유성(성대 닫히고 진동) 외에 성대가 이룰 수 있는 모양이 또 있다. 이를 보기 위해서 성대의 길이를 약 반으로 쪼개서 성대의 앞뒤를 따로 보는 것이 편리하다. 즉 성대의 뒷쪽(피열연골 사이)은 닫고 앞쪽만 진동시키면 이른바 **짜내기소리**(creaky voice)가 나오는데, 일명 **후두음화**(喉頭音化 laryngealization) 현상이라고도 한다. 피치가 매우 낮아서 (평상 발화시의 약 반인 50Hz 정도) 억양이 내려가는 문장 끝에, 또는 아직 선잠에서 깨어나지 않았을 때 나는 소리이다. 음성기호는 구별부호 (diacritic mark) [◌̰]를 아래에 쓴다. Hausa어(Nigeria)와 Jalapa Mazatec어 (Mexico)에서 변별적으로 쓰인다. 다음 예는 Ashby & Maidment(2005:98) 에서 따온 것이다.

(2.4)

| Jalapa Mazatec어 | 예사소리 | 짜내기소리 |
|---|---|---|
| | [ja] 'tree' | [ja̰] 'he wears' |
| | [ntʰæ] 'seed' | [ndæ̰] 'buttocks' |

짜내기소리와 반대로 성대의 앞쪽은 닫고 뒤쪽을 열고 그 사이로만 기류가 빠져나오게 하면서 발성을 하면 이른바 **속삭임**(whisper)소리를 내게 된다.

또 한가지 발성방법은 성대진동을 성대를 닫고 진동하는 것이 아니라 성대를 조금 열고 진동하는 것이다. 그러면 유성인데 동시에 숨이 많이 새어 나온다. 이를 **숨찬소리**(breathy voice)라고도 하고 **중얼소리**(murmur), 또는 유성이면서 기음이 있다고 해서 **유성유기음**(voiced aspirate)이라도 한다. 음성기호는 [bʱ, dʱ, gʱ]처럼 유성 자음에 유성 [ɦ]을 어깨글자로 표시하는데, 인도의 Hindi어에 있다. 다음 예는 저자가 교실에서의 데모용으로 원어민에게서 수집했던 것을 간추린 것이다.

(2.5) Hindi의 파열음

|  | 양순음 | 치음 | 경구개음 | 연구개음 |
|---|---|---|---|---|
| 무성 무기 | pal 'moment' | taal 'pond' | cup 'silent' | kul 'all' |
| 무성 유기 | pʰal 'fruit' | tʰaal 'dish' | cʰup 'disappear' | kʰul 'open' |
| 유성 무기 | baag 'garden' | duub 'grass' | jaag 'wake up' | agar 'if' |
| 유성 유기 | bʱaag 'run!' | dʱuub 'sun' | jʱaag 'foam' | gʱar 'house' |

(2.6) 성대의 네 형태[3]

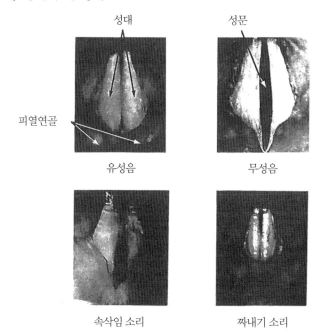

성대       성문

피열연골

유성음       무성음

속삭임 소리       짜내기 소리

## 2.3. 기식(氣息 Aspiration)

성대의 진동 여부인 성(聲 voicing) 외에도, 자음 특히 저해음에 수반하는 또 하나의 음성자질이 있다. 이른바 기식(氣息 aspiration)의 유무이다. 기식을 과거에는 파열음의 폐쇄(closure)를 개방(release)할 때 따라 나오는 한모금의 숨("a puff of air")이라고 정의하였다. 국어의 거센소리(격음 激音)가 좋은 예이다. 거센소리를 된소리(경음 硬音)와 비교해보면 기식의 차이를 느낄 수 있다. (성냥불을 입 앞에 그어대고 [아파, 아파] 하면 성냥

---

3 Ladefoged 1993:140, Fig. 6.4에서 따온 것인데 필자의 UCLA 대학원 동급생이었던 John Ohala(University of California, Berkeley 명예교수)와 Ralph Vanderslice (전 City University of New York 교수, 1930-2008)가 찍은 것이다.

불이 꺼질 것이고, [아빠, 아빠] 하면 그냥 켜져 있을 것이다.)

그러나 이러한 정의는 인상적인 것이고 과학적이 아님이 규명되었다 (Kim 1970). 우선 숨의 정도를 측정하기 힘들며, 왜 기식의 유무가 대조적 (contrastive)이고 음소적(phonemic)인 모든 언어에서 다른 자음 앞과 어말에서는 기식이 중화(中和 neutralize)되는지, 보편적 현상을 설명할 수 없다. (국어에서 **낟**과 **낱**이 다 [nat]으로, **낮**과 **낯**도 [nat]으로, **입**과 **잎**이 [ip]으로 중화됨을 상기해 보라.)

그리하여 기식의 유무와 성대의 진동 시기(timing)와의 상관관계를 검토해 본즉, 성대의 진동이 구강 폐쇄의 개방과 동시에 일어나면 **무기**(無氣 unaspirated)이고, 폐쇄의 개방 얼마 뒤에 성대가 진동하면 **유기**(有氣 aspirated)임이 밝혀졌다. 이를 도시(圖示)하면 아래와 같다.

(2.7) 구강의 조음과 성대진동과의 시간차(timing)

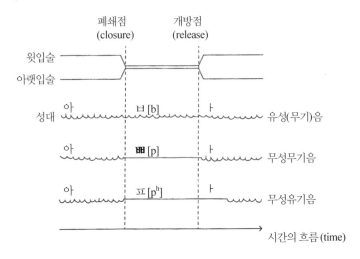

위 그림에서 **ㅃ**[p]과 **ㅍ**[pʰ]이 둘 다 폐쇄기간 동안 성대 진동이 없어서

유성음 ㅂ[b]와 대조되는 무성음이지만, 두 소리 사이에는 기식(氣息)의 차이가 있다. 즉 [p]의 경우에는 후행하는 모음의 성대진동이 구강폐쇄의 개방과 동시에 일어나지만, [pʰ]의 경우에는 조금 지연되어 일어난다는 사실이다. 바로 이 성대진동의 지연기간(delay in voice onset time)을 aspiration이라고 한다. 통상 약자로 VOT라고 불린다. 국어 격음의 경우 어두에서 VOT는 90-100msec(10분의 1초)쯤 되며, 영어의 경우는 이보다 좀 짧다 (약 70-80msec 정도). (Lisker & Abramson 1964; Kim 1965, 1970 참조.)

위에서 ㅂ[b]을 유성음이라고 하였는데, 이는 유성음 간의 경우이고, 어두에서는 무성음이면서 약간의 기식을 띤다 (30-40msec 정도). 그러니까 VOT만을 기준으로 국어의 파열음 계열을 분류한다면 이른바 된소리(경음 ㄲ, ㄸ, ㅃ, ㅉ)를 무기음(無氣音 unaspirated), 보통소리(平音 ㄱ, ㄷ, ㅂ, ㅈ)를 경기음(輕氣音 slightly aspirated), 거센소리(激音 ㅋ, ㅌ, ㅍ, ㅊ)를 중기음(重氣音 heavily aspirated)이라고 할 수 있다. (Kim 1965 참조)

성(聲 voicing)과 기식(氣息 aspiration)의 조합은 무성무기(無聲無氣 voiceless unaspirated, 예: [p]), 무성유기(無聲有氣 voiceless aspirated, 예: [pʰ]), 및 유성[무기](voiced [unaspirated], 예: [b])를 낳는다. 여기서 빠진 것이 유성유기(voiced aspirated)이다. 그래서 위 항에서 본 숨찬소리(breathy voice, murmur)를 유성유기음으로 보고 다음과 같이 표를 완성시키기도 한다.

(2.8)

|  | 무성 | 유성 |
|---|---|---|
| 무기(unaspirated) | [p] | [b] |
| 유기(aspirated) | [pʰ] | [bʱ] |

# 3장 기류작용(Airstream mechanisms)

## 3.1. 허파기류(Pulmonic airstream)

위의 발성기관의 그림(2.1)에서 빠진 것이 허파(폐 肺 lungs)이다. 허파의 주 임무는 물론 공기를 마시고 뿜어내는 호흡 기능이지만, 언어의 발성에 불가결한 기관이다. 왜냐하면 언어발성에는 기류(氣流 airstream)가 절대 필요하기 때문이다. 즉 언어의 발성은 기류를 타고 나오는데 이 기류를 생산하는 풀무가 허파이다 (그래서 진공에서는 언어 발성이 불가능하다).

간단한 예로 ㅍ[p] 소리는 기류를 두 입술로 막는 데서 나오고, ㅌ[t]는 기류를 혓날(tongue blade)로 막는 데서 나온다. 그런데 같은 혓날로 기류의 흐름을 저해하더라도 ㅌ[t]의 경우는 혓날이 잇몸에 꼭 닿아 기류를 완전히 폐쇄시키는 반면, ㅅ[s]의 경우는 혓날과 잇몸 사이에 좁은 간격을 두고 이 틈으로 공기가 줄곧 새 나오게 함을 알 수 있다.

이러한 기류의 흐름을 강물의 흐름에 비유할 수 있다. 강물의 흐름을 막는 것을 강에 댐(dam)을 쌓는 것에 비유할 때, 이 댐을 강의 어느 지점에 건설해서 강물의 흐름을 막느냐 하는 것이 **조음위치**(place of articulation)이고, 일단 댐이 건설된 다음, 그 댐에 있는 수문(水門 floodgate)을 얼마나 열고 닫느냐 하는 것이 **조음방식**(manner of articulation)에 해당한다.

대부분의 언어에서 기류의 발동지는 허파이다. 이를 **허파기류**(pulmonic airstream)라고 한다. 그런데 기류에는 **날숨**(egressive air)과 **들숨**(ingressive air)이 있다. 오랜 뜀이나 힘든 일 뒤에 숨이 가쁠 때나, 놀라운 감탄사 (**"엉?!"**) 등을 제외하면 들숨으로 생성되는 말소리는 없다. 즉 모든 언어의 말소리는 아래 기류작용에서 볼 예외를 빼곤 허파의 날숨으로 이루어진다. 관악기에 숨을 불어넣어야 소리가 나는 것과 같다.

## 3.2. 성문기류(Glottalic airstream)

지구상의 대부분의 언어의 대부분의 어음이 허파의 기류를 타고 생성됨을 위 3.1에서 보았다. 그런데 말소리의 생성을 위한 기류의 발동은 허파(폐) 외에 다른 두어 곳에서도 가능하다. 그 첫째가 성문(glottis)이다. 이 기류는 성문에서 발동되므로 **성문기류**(glottalic airstream)라고 하는데 다음과 같이 생성된다.

성문을 꼭 닫고, 구개수도 올려 기류가 비강으로 나가지 못하게 하고, 구강(口腔 oral cavity) 어느 지점을 또 막으면 구강 안의 공기가 갇히게 된다. (다음 그림 참조)

(3.1) 날숨 성문기류

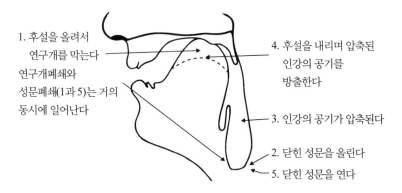

1. 후설을 올려서 연구개를 막는다
연구개폐쇄와 성문폐쇄(1과 5)는 거의 동시에 일어난다

4. 후설을 내리며 압축된 인강의 공기를 방출한다

3. 인강의 공기가 압축된다

2. 닫힌 성문을 올린다

5. 닫힌 성문을 연다

이때 꼭 닫은 성문을 위로 약간 올리면 밀폐된 구강 안의 공기의 압력이 올라간다. 그런 다음에 구강의 폐쇄점을 개방하면 압축되었던 공기가 밖으로 나가면서 소리를 내게 된다. 이렇게 해서 내는 소리를 **분출음**(噴出音 ejective)이라고 한다. 국제음성기호(International Phonetic Alphabet, 줄여서 IPA라고 한다)로는 구별부호(diacritics) apostrophe [']를 써서 [p'], [t'], [k'] 등으로 표기한다.

아프리카의 Hausa어(Nigeria), Amharic어(Ethiopia) 등에 분출음이 있는데, 다음은 Mexico의 Chontal어에서의 최소대립쌍(minimal pair)의 예이다. (Ashby & Maidment 2005:107에서 옮김)

(3.2)

| 파열음/파찰음 | 분출음 |
|---|---|
| [pos] 'pale' | [**p'**os] 'sweepings' |
| [tub] 'spittle' | [**t'**ub] 'gourd' |
| [kuʃ] 'go' | [**k'**uʃ] 'it hurts' |
| [tsilen] 'rip' | [**ts'**ilen] 'split' |
| [ʧuju] 'sew it' | [**ʧ'**uju] 'lift it up' |

정규 분출파열음(ejective stop) 외에, 분출파찰음(ejective affricate)도 있음을 볼 수 있다. Ethiopia의 Amharic어와 Nigeria의 Hausa어에는 분출마찰음(ejective fricative)도 있다. 예: [**s'**afə](Amharic) 'he wrote', [**s'**ara](Hausa) 'contemporary' (Ball & Rahilly 1999:81)

위에 기술한 분출음(ejective)의 기류는 날숨, 즉 egressive glottalic airstream이다. 그런데 성문과 비강과 구강을 닫아 공기를 밀폐한 다음 성문을 내리면 구강의 기압이 내려갈 것이다. 이때 구강의 폐쇄점을 개방하면 구강 공기의 저기압 때문에 바깥의 공기가 입안으로 들어오게 될 것이다. 이것이 ingressive glottalic airstream이며, 이렇게 들숨의 성문 발동으로 나오는 소리를 내파음(內破音 implosive) 이라고 한다. IPA 기호는 [b, d, g]의 수직획을 밖으로 약간 굽힌 [ɓ, ɗ, ɠ]이다.

(3.3) 들숨 성문기류

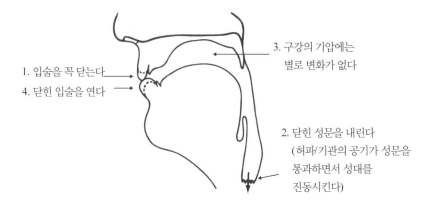

1. 입술을 꼭 닫는다
4. 닫힌 입술을 연다

3. 구강의 기압에는 별로 변화가 없다

2. 닫힌 성문을 내린다 (허파/기관의 공기가 성문을 통과하면서 성대를 진동시킨다)

다음은 Sindhi어(Pakistan)의 예이다. (Ashby & Maidment 2005:110)

(3.4)

|  | 양순음(bilabial) | 치경음(alveolar) | 연구개음(velar) |
|---|---|---|---|
| 파열음 | [butu]<br>'shoes'(신발) | [dunu]<br>'navel'(배꼽) | [gano]<br>'song'(노래) |
| 내파음 | [ɓaru]<br>'child'(어린애) | [ɗaru]<br>'crevice'(틈) | [ɠaro]<br>'heavy'(무거운) |

위에서 내파음의 기류가 들숨(ingressive air)이라고 했지만, 실상은 입 안으로 들어오는 공기는 거의 없다고 한다 (Ladefoged and Johnson 2015:149). 그 이유는 닫힌 성문이 내려가면서 구강의 기압을 낮추면 이 기압이 바깥공기의 기압보다 더 낮을 뿐만 아니라 동시에 성문 밑의 기관 에 있는 공기의 기압보다 더 낮아지게 된다. 내파음의 발성을 위해서 닫힌 성문이 하강하지만, 그 내파음이 처해있는 단어나 문장은 허파의 날숨 (pulmonic egressive air)으로 생성되고 있음을 잊지 말자. 이 날숨의 기압

이 닫힌 성대의 내림으로 더 올라가게 되자 닫힌 성문 위아래의 기압차가 커져서 성문 밑의 기관의 공기가 결국 성문을 뚫고 지나감에 따라 성대를 진동시킨다. (이 때문에 내파음은 모두 유성음이다.) 이렇게 성문을 진동시키며 구강으로 새나오는 공기가 성문의 하강으로 내려가는 기압을 중화시켜서 바깥 공기의 흡입은 거의 없게 된다는 것이다.

### 3.3. 연구개기류(Velaric airstream)

말소리 생성에 필요한 기류의 발동지가 허파와 성문 외에 또 한 군데가 있다. 연구개이다. (다음 그림 참조)

(3.5) 치음(dental) 흡착음의 기류

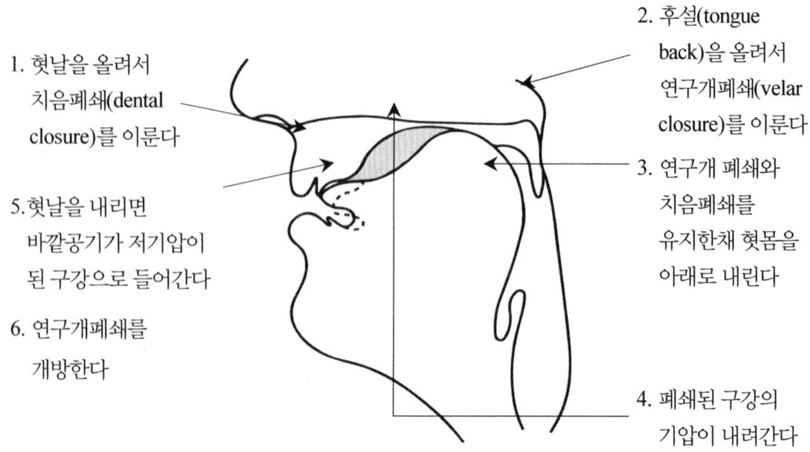

1. 혓날을 올려서 치음폐쇄(dental closure)를 이룬다

5. 혓날을 내리면 바깥공기가 저기압이 된 구강으로 들어간다

6. 연구개폐쇄를 개방한다

2. 후설(tongue back)을 올려서 연구개폐쇄(velar closure)를 이룬다

3. 연구개 폐쇄와 치음폐쇄를 유지한채 혓몸을 아래로 내린다

4. 폐쇄된 구강의 기압이 내려간다

후설(tongue back)을 연구개(velum)쪽으로 올려 두 기관의 접촉으로 허파로부터의 기류를 정지시키고 구강에 접촉점이 또 있으면, 구강의 공기를 고립시키게 된다. 그런 뒤 혓몸(tongue body)을 아래와 뒤쪽으로 당기면 구강의 부피가 커짐에 따라 그 안의 공기의 기압이 낮아지게 된다. 이

때 연구개 앞의 구강 폐쇄점을 개방하면 구강의 낮은 기압 때문에 바깥 공기가 입안으로 들어오게 되면서 발성을 하게 된다. 어떤 사건을 한탄하느라 "쯧쯧"할 때 이렇게 조음한다. 이런 소리를 영어에선 "click"이라고 하는데, 국어에선 '혀를 차는 소리'라고 해서 설타음(舌打音)이라고도 하고, 공기를 빨아들이며 내는 소리라고 해서 흡착음(吸着音)이라고도 한다. 남아프리카의 Khoisan어족에 속하는 Xhosa어, Zulu어, Bushman어 등에만 있는 어음이다.

놀라운 것은 조음위치가 양순(bilabial [ ʘ ]), 치음(dental [ ǀ ]), 치경음(alveolar [ ǃ ]), 경구개(palatal [ ǂ ]), 및 설측음(lateral [ ǁ ])까지 다섯이 되며, 조음방법도, 유성(voiced), 무성무기(voiceless unaspirated), 무성유기(voiceless aspirated), 비음화(nasalized) 등 너덧 된다는 사실이다. 기류 발동 지점이 연구개인지라, 그 뒤의 조음기관을 구강의 조음과 동시에 임의로 조절할 수 있기 때문이다. 예를 들면 비강 개폐 여부, 성대 진동 여부, 기식(aspiration) 여부 등. 그리하여 어떤 흡착어에선 흡착음만 거의 서른이 된다나! (필자가 UCLA에서 대학원생이던 시절, 현지답사(field work)를 다녀 온 Ladefoged 교수가 "It can't be a human language!"('이건 인간 언어일 수가 없어!'라고 한탄(감탄?)한 것을 들은 적이 있다.)

다음은 Zulu어에서의 흡착음 예이다. (Ladefoged 2006:277에서 옮겨옴. 성조 표시 생략)

(3.6)

|  | Dental(치음) | Alveolar(치경음) | Lateral(설측음) |
|---|---|---|---|
| 무성 | k‖a:ga<br>'to whitewash' | k!a:ka<br>'to undo' | kǁa:ga<br>'to put into fix' |
| 유기 | kǀʰa:ga<br>'to identify' | k!ʰa:k!ʰa<br>'to rip open' | kǁʰa:ga<br>'to link horses' |
| 유성 | gǀo:ɓa<br>'to grease' | g!o:ɓa<br>'to milk' | gǁo:ɓa<br>'to beat' |
| 비음화 | isi:nǀe<br>(kind of spear) | isi:n!e<br>'rump' | isi:nǁe:le<br>'left hand' |

　　설타음(흡착음)을 만들 때 혓몸을 뒤 아래로 당기면서 구강 공기의 기압을 낮추어 연구개 들숨기류(ingressive velaric airstream)를 만들어 내는 대신, 혓몸을 앞 위로 밀면서 구강 공기의 기압을 높여서 연구개 날숨기류(egressive velaric airstream)를 창출할 수도 있다. 그러나 이 날숨은 어느 언어음의 생성에도 이용되지 않는다.

　　이제 기류 발동의 발생지와 기류방향의 어음 생성에서의 역할을 도표로 요약하면 다음과 같다.

(3.7)

| 기류의 방향 ＼ 발동지 | 허파<br>(Pulmonic) | 성문<br>(Glottalic) | 연구개<br>(Velaric) |
|---|---|---|---|
| 날숨(egressive) | 파열음(stop)<br>[p, t, k] | 방출음(ejective)<br>[p', t' k'] | X |
| 들숨(ingressive) | X | 내파음(implosive)<br>[ɓ, ɗ, ɠ] | 설타음/흡착음<br>(click)<br>[ʘ, ǀ, !, ǁ, ǂ] |

1. 다음에 있는 발성기관의 그림에 주어진 번호에 해당하는 발성기관의
   명칭을 국어와 영어로 기입하라.

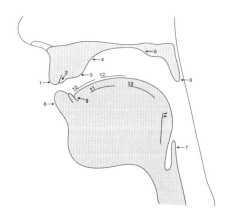

2. 다음의 단어들을 발음하는 대로 음성기호로 표기하라.


   대한민국  [                    ]
   음성학    [                    ]
   강아지    [                    ]
   개나리    [                    ]
   진달래    [                    ]
   보름달    [                    ]
   독립문    [                    ]
   급행열차  [                    ]
   햇볕정책  [                    ]

3. 다음의 음성기호를 명세하라.

예: [p]      무성 양순 파열음 (voiceless bilabial stop)

    [s]

    [n]

    [w]

    [g]

    [r]

    [ʒ]

    [ʧ]

    [u]

    [ɔ]

    [ɑ]

4. 다음 명세에 해당하는 음성기호를 괄호 안에 써넣고, 그 소리가 든 단어의 예를 국어와 영어에서 하나씩 들라.

예: voiced bilabial stop        **[b]** 나비, **b**ig

    velar nasal consonant      [   ]

    palatal glide      [   ]

    voiced alveolar fricative      [   ]

    voiced velar stop      [   ]

    lateral liquid      [   ]

    voiced patatoalveolar affricate      [   ]

    alveolar ejective      [   ]

    low front vowel      [   ]

    mid back vowel      [   ]

    high front rounded vowel      [   ]

5. 다음의 영어 단어들을 발음하는 대로 음성기호로 적으라.

| marry | [ | ] |
|-------|---|---|
| merry | [ | ] |
| Mary | [ | ] |
| weather | [ | ] |
| whether | [ | ] |
| magic | [ | ] |
| magician | [ | ] |
| presume | [ | ] |
| assume | [ | ] |
| consume | [ | ] |

6. 다음에 열거한 쌍들은 조음위치가 같거나 조음방식이 같거나 둘 다 같거나, 어느 쪽도 같지 않다. 어느 쪽이 같은 것인지 알아맞히고 명시하라. 어느 쪽도 같지 않으면 X로 표시하라.

| [f] | [ʃ] |
|-----|-----|
| [r] | [t] |
| [k] | [b] |
| [n] | [m] |
| [s] | [g] |
| [j] | [w] |
| [h] | [ʔ] |
| [ʤ] | [ts] |
| [ɹ] | [l] |
| [w] | [ʍ] |

7. 어음(speech sound)에 쓰이지 않는 기류와 기류의 방향에는 무엇이 있나?

8. kiss(입맞춤)의 음성학적 정의는 무엇일까?

9. 분출음(ejective)과 내파음(implosive)의 분포를 보면, 모든 조음위치에서 이 소리가 나는 언어도 있지만 그렇지 않은 때도 있다. 이 경우들을 살펴보면, 분출음은 연구개 분출음 [k']는 있어도 양순 분출음 [p']는 없으며, 내파음은 반대로 양순 내파음 [ɓ]는 있어도 연구개 내파음 [ɠ]는 없는 경우가 많다. 이것은 왜 그럴까?

# II부 조음음성학(Articulatory Phonetics)

위에서 말소리는 허파에서 나오는 날숨의 기류를 타고 나온다고 하였다. 물론 이 기류는 구강에서 어떤 저지나 방해를 받아야 한다. 만약 아무런 저해 없이 밖으로 나간다면 이는 입이나 코로 쉬는 호흡에 불과하게 된다. 기류를 막는 발성기관들을 위에서 언급했듯 밸브(valve)라고 한다면, 허파에서의 날숨이 처음 만나는 밸브는 성대이다. 그런데 이 성대의 작용이 성격이 다른 두 가지 종류의 말소리를 만든다. 하나는 대체로 성대 밸브는 열어두고, 구강의 다른 밸브들, 예를 들면 혀나 입술로 기류의 진행을 저해하는 것과, 다른 하나는 성대 밸브를 가만히 닫아서 기관지를 통과하는 기류가 성대를 진동시키되, 구강에서는 아무런 밸브의 저지를 받지 않는 것이다. 전자는 대체적으로 소음(騷音 noise)을 자아내고, 후자는 낭음(朗音 melody)을 자아낸다. 소음만으로는 노래를 부를 수 없으나 낭음으로는 노래를 부를 수 있음은 이 때문이다. 소음인 말소리를 **자음**(子音 consonant)이라고 하고, 낭음인 말소리를 **모음**(母音 vowel)이라고 한다. 다음 4장에서 자음의 생성과 분류를 살펴보고, 5장에서 모음의 생성과 분류를 살펴볼 것이다.

# 4장 자음(Consonants)

## 4.1. 조음위치(Places of articulation)

위에서 기류(氣流)를 강류(江流)에 비유하고, 강물의 흐름을 댐을 쌓아서 막듯, 기류의 흐름을 구강의 어느 곳에 "댐"을 쌓아 막아서 다른 소리들을 만들어낸다고 하였다. 이것이 자음의 **조음위치**(place of articulation)이다. 어른 남자의 경우 입술에서 성대까지의 구강의 길이는 평균 17cm이다. 이론적으로는 어느 지점에서도 "댐"을 쌓을 수 있는 무한한 조음위치가 있지만, 두 조음위치가 너무 가까우면 발화자가 정확히 조음하기도, 또 작은 조음위치 차이에서 나오는 소리의 작은 차이를 청자가 식별하기도 힘들므로, 대체로 열한 군데에서 조음을 한다.

이를 상세히 보기 전에 조음위치의 명명(命名)에 대해 한 마디.

소수의 예외를 빼면, 구강에서의 기류의 저지는 대체로 혀가 입천장으로 올라가서 생긴다. 그러니까 혀는 動的(동적 active)이고 입천장은 정적(靜的 passive)이다. 그런데 이것도 한둘의 예외를 제외하면 기류의 저해를 만드는 혀와 입천장의 부분은 최단거리에 있는 것들이다. 즉 혀의 어느 부분이 입천장의 어느 부분에 접근 내지 접촉하여 기류의 저해를 이루느냐 하는 것은 입천장과 가장 가까운 혀의 부분이라고 보면 된다. 이 거리가 반드시 수직적인 것은 아니다. 오목한 입천장을 반원(半圓)으로 보면, 혀와의 최단거리는 가상적인 원심(圓心 the center of a circle)을 잇는 사선(斜線)이라고 할 수 있다 (다음 그림 4.1 참조). 이 때문에, 즉 입천장과 이에 접촉/접근하는 혀의 부분은 정해져 있기 때문에, 조음위치의 명명에서 혀의 부분은 빼고 입천장의 부분만 적는다. 물론 예외적인 경우에는 두 부위를 다 표기한다 (예: 양순음, 순치음). 조음위치의 영어명은 형용사형을 택한다. 예: *alveolar*(명사: *alveola*), *palatal*(명사: *palate*), *velar*(명사: *velum*).

**(4.1)** 조음위치 11곳

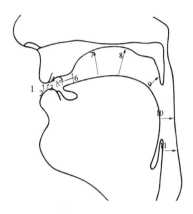

이제 열한 군데의 조음위치를 입술에서 성대 쪽으로 이동하며 살펴보자.

(1) 양순음(兩脣音 bilabial): 두 입술로 기류를 저해해서 내는 소리.
    예: [p, b, m]

(2) 순치음(脣齒音 labio-dental): 아랫입술을 윗니에 갖다 대고 내는 소리.
    국어에는 없고 영어의 [f, v]가 좋은 예이다. (이론적으로 윗입술을
    아랫니에 갖다 대고 순치음을 만들 수도 있으나, 이런 어음은 없다.
    이것도 최단거리의 원칙에 준한 현상이라고 할 수 있겠다.)

(3) 치음(齒音 dental): 혀끝(舌尖 tongue tip)을 윗니 뒤쪽에 갖다 대고 내
    는 소리. 역시 국어에는 없고 영어의 th[θ, ð] 소리가 예이다.

(4) 치경음(齒莖音 alveolar): 혀끝(설첨 舌尖, tongue tip)이나 혓날(설단
    舌端 tongue blade)을 잇몸에 대고 내는 소리. 이 위치에서 가장 많은
    소리가 난다. 예: [t, d, n, s, z, l, r]. 치경음을 혀끝으로 하느냐 아니
    면 혓날로 하느냐를 구별해야 할 때는 전자를 apico-alveolar(설첨치
    경음), 후자를 lamino-alveolar(설단치경음)이라고 한다.

(5) 반전음(反轉音 retroflex): 권설음(捲舌音)이라고도 한다. 설명이 아래에 있다.

(6) 치경구개음(齒莖口蓋音 alveo-palatal 혹은 palato-alveolar): 혓날을 alveola와 palate 사이에 대고 내는 소리. post-alveolar(後齒莖音)라고도 한다. 국어의 **ㅈ, ㅊ** 소리, 영어의 *ch*[ʧ], *sh*[ʃ] 소리들의 위치가 여기이다.

(7) 구개음(口蓋音 palatal): 혓몸 가운데(the middle of the tongue)를 경구개에 대고 내는 소리. 국어에서 힘, 흰 등 모음 ㅣ가 후행할 때의 ㅎ발음이 이에 가깝다. IPA기호로는 [ç]이며, 독일어의 *ich*('I'), *mich*('me') 등에서의 *ch* 소리가 이를 대표한다. [ç]는 무성구개마찰음의 기호이다. 구개파열음(palatal stop [c])도 가능하나 드물다. 입천장의 가장 높은 지점인 경구개까지 혓몸을 올려 폐쇄하는 것이 힘들어서일까?

구개설측음(palatal [ʎ])은 [ʎ]로 이탈리어의 *tagliatelle*(파스타 국수)의 *gl*이 이 소리이다. 국어의 "훌륭"에서의 **ㄹㄹ**도 [ʎ]이다.

(8) 연구개음(軟口蓋音 velar): 후설(後舌, tongue back)이 연구개에 닿아 나는 소리. 국어의 ㄱ, ㅋ, 영어의 [k, g, ŋ]이 대표적이다.

(9) 구개수음(口蓋垂音 uvular): 후설이 목젖(uvula)에 닿아 나는 소리. 국어와 영어에 없고, 프랑스어의 [ʀ], 아랍어의 [q] 등이 여기 속한다.

(10) 인두음(咽頭音 pharyngeal): 설근(舌根 tongue root)이 인두 벽으로 후퇴하면서 좁은 통로를 이루어 내는 소리. 실수로라도 질식하지 못하도록 완전폐쇄는 안 되어 인두파열음은 없고, 아랍어에 인두마찰음 [ħ ʕ]이 있다.

(11) 성문음(聲門音 glottal): 후두(喉頭 larynx)에서 나는 소리로 ㅎ[h]이 대표적인 예이다. 드물게는 [h]를 발성할 때 성대를 진동시킬 수도 있는데, 이때의 음성기호는 [ɦ]이다. 강조할 때 모음 앞에 붙는 소리(기침 소리와 비슷하다)도 성문음으로 그 기호는 [ʔ]이다.

자음의 조음위치를 논하면서 우리는 두 가지 가정을 세웠었다. 하나는 구강 안에 조음위치가 하나뿐이라는 것이고 또 하나는 상위 조음기관 (upper articulator) 즉 입천장에서의 조음위치에 접근/접촉하는 하위 조음 기관(lower articulator)은 이른바 **최단거리원칙**(The principle of minimum distance)에 의하여 바로 아래의 혓부분이라는 것이었다. 그래서 조음위치의 명명에서 하위 조음기관은 제외된다고 하였다. 이 원칙에 위반하는 조음이 두어 개 있다. 순치음(labiodental, [f, v], 위 그림 (4.1)에서 2가 잘 아는 예이고 또 하나는 **반전음**(反轉音 retroflex, 위 그림에서 5)인데, 영어 명과 한자가 암시하듯, 혀끝을 약간 뒤로 돌려 후치경(後齒經 post-alveola)에 대고서 내는 소리이다. 힌디어(Hindi)에 있으며, IPA기호는 밑에 갈고리(hook) 모양의 부호를 붙인다.

**(4.2)** 힌디어(Hindi)에서의 치음(dental)과 반전음(retroflex)의 대조

|  | 치음(dental) | 반전음(reftoflex) |
|---|---|---|
| 무성 무기 | tal 'beat' | ṭal 'postpone' |
| 무성 유기 | tʰal 'plate' | ṭʰal 'woodshop' |
| 유성 무기 | dal 'lentil' | ḍal 'branch' |
| 유성 유기 | dʰal 'knife' | ḍʰal 'shield' |

흔하진 않아도 어떤 아프리카 언어에는 조음위치가 동시에 둘이 있는 소리들이 있다. 가장 흔한 것이 [k͡p, g͡b]이고 [p͡t]도 있다. 이중조음(二重調音 double articulation)이라고 한다. 연음(連音)이 아니라 동시조음임을 표시하기 위에 두 음성기호를 ⌢로 묶는 것이 상례이다. 예:

(4.3) Labial-velar 이중조음

| Idoma어 | ak͡pa 'bridge' | aka 'wheel' | apa 'lizard' |
|---|---|---|---|
| | ag͡ba 'jaw' | aga 'axe' | aba 'palm nut' |
| Yoruba어 | k͡pe 'judge' | ke 'cry' | pe 'call' |
| | g͡be 'carry' | be 'itch' | ge 'cut' |

두 조음점이 있어도 조음의 간극에 차이가 있어서, 한쪽의 간극이 더 넓으면 이쪽을 이차조음(二次調音 secondary articulation)이라고 한다. 즉 간극이 A < B일 때 B이다. 영어에서 어말의 [l]을 발음할 때, 혓날이 치경에 닿아있는 동시에 혀뒤가 연구개쪽으로 올라가는 이른바 "dark [l]"(IPA 기호 [ɫ]), 러시아어에서 일차조음(primary articulation)과 동시에 혓몸이 경구개(hard palate) 쪽으로 올라가는 경구개화(palatalization) 등이 좋은 예들이다. 이차조음은 영어의 접미사 -ized(-화 -化)로 표시한다. 즉 labialized(원순화), palatalized(경구개화), velarized(연구개화), pharyngealized(인두화), 등. 순음화는 어깨글자 [ʷ]로, 경구개화는 어깨글자 [ʲ]로, 연구개화는 기호 가운데에 [~]를 그어서, 인두화는 어깨글자 [ˤ]로 표시한다. [tʷ], [pʲ], [ɫ], 등. 국어의 튀는 [tʷi]인 듯하다. 국어의 튄은 영어의 twin '쌍둥이'와 다르다. 국어의 튄은 [tʷin]인데 영어의 twin은 [twin]이다. 다음은 Russian과 Irish 에서의 경구개화와 비경구개화의 대조이다. Dr. Zhivago(1957)의 저자 Boris Pasternak(1890-1960)의 t는 구개음화된 [tʲ]이다. 한글로는 [파스톄르나크]가 [파스테르나크]보다 더 충실한 표기이다. 두엇 예를 더 든다.

(4.4)

| | regular | palatalized |
|---|---|---|
| 러시아어 | formə 'form' | fʲormə 'farm' |
| | pakt 'pact' | pʲatʲ 'five' |
| 아일랜드어 | bo 'cow' | bʲo 'alive' |
| | ba:d 'boat' | ba:dʲ 'boats' |

위에서 본 이차조음 현상은 조음위치가 둘 있음을 전제한 것이었다. 그런데 조음점이 하나밖에 없는데도, 한 어음(분절음)의 조음 양상이 인접한 어음에 분산되는 현상이 있는데 이를 **공시조음**(共時調音 coarticulation)이라고 한다.

간단한 예를 하나 들자. 영어의 *keel* [ki:l]과 *cool* [ku:l], 또는 국어의 **길**[kil] 과 **굴**[kul]을 발음할 때의 초성 [k]의 조음을 거울 앞에서 유심히 살펴보면, [i] 앞에서는 입술이 펴져있지만 [u] 앞의 자음은 원순임을 알게 될 것이다. (또 조음위치도 [i] 앞에서는 [u] 앞에서보다 더 앞쪽이다. 사실 국어의 **시**[si]는 [s]가 거의 경구개음화된 [ʃi]이다.)

초성자음이 [u] 앞에서 원순이 되는 것은, 물론 [u]모음의 원순성 때문이다. Daniloff & Moll(1968)에 의하면 원순성은 선행 자음군 전체에 미친다고 한다. 예를 들면 영어의 *instrument*에서 자음군 *str*가 원순화된다고 한다. 이러한 예는 언어에 흔하다. 예를 한둘 더 들면, 치경음(alveolar) [n], [d]가 *tenth, width*에서 후행하는 치음(dental) [θ]의 영향으로 치음 [n̪]과 [d̪]이 되며, *can, some* 등에서는 모음이 후행하는 비자음으로 인해 비음화된다. ([ˌ]은 치음을 표시하는 구별부호)

위와 같은 공시조음에는 두 방향이 있다. 위에서 든 예들처럼 후행하는 어음의 어떤 조음양상을 미리 띠는 **예기 공시조음**(anticipatory coarticulation)이 있고, 그 반대로 선행하는 어음의 어떤 조음양상을 이어받는 **보전 공시조**

음(preservative coarticulation)이 있다. (후자를 순행 공시조음(progressive coarticulation), 전자를 역행 공시조음(regressive coarticulation)이라고도 한다.) *it is* [ɪtɪz]의 축약형 [ɪts]가 [t]의 영향으로 [z]가 무성화되어 [s]로 되는 것이 보전(순행) 공시조음의 한 예이다. 모음조화(vowel harmony) - 어휘 머리에 있는 모음의 한 자질(고도, 전후, 원순)이 후행하는 모음에 전파되는 현상 - 도 보전(순행) 공시조음의 한 현상이다.

　공시조음을 다른 변수로 분류할 수도 있다. 자음의 원순성이나, 모음의 비음화, 및 국어의 [s]→[ʃ]는 이음적(異音的 allophonic) 공시조음이고, *it is* [ɪtɪz] → [ɪts] 나 *have to* [hævtʊ] → [hæftʊ]는 음소적(phonemic) 공시조음이다. 음소적 공시조음을 흔히 동화(assimilation)라고 한다.

　공시조음 현상의 원인은 두 가지로 엿볼 수 있다. 하나는 화자가 최소한의 노력으로 발성하려는 언어경제성(speech economy)이고, 또 하나는 최소 발화단위가 분절음이 아니라 적어도 음절 내지 어휘이기 때문일 것이다. 발성의 명령이 분절음 단위라면, 인접한 어음에 스민(smeared) 조음 현상을 설명할 길이 없기 때문이다. 암튼 말(speech)의 단위는 한 줄에 꿰인 "구슬"처럼 독립되고 격리된 것이 아니라, 서로 얽힌 "사슬"같은 것이라고 할 수 있겠다. (공시조음에 관한 더 상세한 것은 Fartenani 1997 참조)

## 4.2. 조음방식(Manners of articulation)

　자음의 조음방식은 허파에서 나오는 기류를 구강의 **어디에서** 막느냐가 아니라, **얼마나** 막느냐 하는 것으로, 위에서 강류에 댐을 건설한 뒤 댐에 있는 수문의 개폐로 수류량을 조절하는 것과 같다고 하였다. 조음에서는 이를 개구도(開口度 degree of aperture 또는 stricture)라고 하는데, 여기에도 이론적으로는 무한한 개구도가 있을 수 있으나, 실제적으로는 대여섯 가지만 쓰인다. 개구도가 가장 좁은 것으로부터 더 넓은 것으로 가면서 보자.

(1) 파열음(破裂音 stop(美), plosive(英)): 구강을 완전 폐쇄시켜서 기압을 높였다가 폐쇄를 개방(release)하면 압축된 공기가 방출되며 나는 소리이다. 무성파열음으로 [p, t, k] 등이 있고 이에 대응하는 유성파열음은 [b, d, g]이다.

(2) 마찰음(摩擦音 fricative): 좁은 조음 간격 사이로 기류가 빠져나오면서 마찰소리를 낸다고 해서 마찰음이라고 한다. 국어에선 치경과 (ㅅ[s], ㅆ[s'])　성문의 위치(ㅎ[h])에서만 마찰음이 형성되나, 영어에선 순치([f, v]), 치아([θ, ð]), 치경([s], [z]), 치경구개([ʃ], [ʒ]), 및 성문([h]) 등 다섯 위치에서 마찰음이 형성된다. 이밖에 양순마찰음 [ɸ, β] (Ghana의 Ewe어), 연구개마찰음 [x, ɣ] (아제르바이잔어), 구개수마찰음 [χ, ʁ] (프랑스어), 인두마찰음 [ħ, ʕ] (Arabic어) 등이 있을 수 있다.

다음은 Ewe어(Ghana)에서의 순치마찰음과 양순마찰음의 최소대립쌍의 예이다.

(4.5)

|  | 순치마찰음 | 양순마찰음 |
| --- | --- | --- |
| 무성 | fu 'feather' | ɸu 'bone' |
| 유성 | vu 'to tear' | βu 'boat' |

어느 음성학자는 [s]와 [ʃ]의 차이가 조음위치이기보다는 조음할 때의 혀의 모양이 다르다고 주장한다. 즉 [s]의 경우는 혓날이 좁고 깊은 홈(groove)을 이루어 이 파인 홈으로 기류가 흐르는데 [ʃ]의 경우는 혓날이 길고 얕은 아귀(slit)를 이룬다는 것이다.

(3) 파찰음(破擦音 affricate): 이름이 시사하듯 파열음과 마찰음의 "튀기"

이다. 전반이 파열음이고 후반이 마찰음인데, 이러한 성격이 IPA기호 [ts] (치경파찰음), [ʧ](치경구개파찰음)에 반영되어있다. 국어의 ㅈ ㅊ ㅉ도, 영어의 *church* [ʧ], *judge* [ʤ]도 치경구개파찰음이다. 독일어엔 치경파찰음 [ts](철자는 **z**. 예: *Mozart*, *Zehn* '10')도 있고 순파찰음(labial affricate) [pf] (예: *Pferd* '말(馬)', *Apfel* '사과')도 있다.

(4) 유음(流音 liquid): 소리의 청각적 인상이 유동체(流動體)와 같다는 데서 지어진 이름으로 ㄹ계 소리가 여기에 속한다. 구강의 협착이 적어서 기류의 마찰이 없다. 유음은 두 종류로 갈린다. 입천장에 닿은 혀의 옆으로 기류가 흐르는 [l]게 설측음(舌側音 lateral)괴, 기류가 구강 가운데(central) 로 흐르는 [r]계 유음이다. 국어에선 두 소리가 이음(異音 allophone)으로 음절 초성으론 [r], 음절 종성으로는 설측음 [l]로 발음됨은 모두가 잘 아는 사실이다.

[r]에는 혀를 굴려서 내는 **굴림소리**(전동음 顫動音 trill), 혀끝으로 잇몸을 가볍게 쳐서 내는 **혀침소리**(경타음 輕打音 tap), 및 혓날을 잇몸에다 가볍게 스쳐서 내는 **날름소리**(탄설음 彈舌音 flap)으로 더 세분된다. 프랑스어의 r 음은 혀뒤(후설)를 목젖에 대고 떨며 내는 구개수 전동음(uvular trill, 기호 [ʀ])인데, 유성구개마찰음(voiced uvular fricative, 기호 [ʁ])으로 내는 것 이 예사이다. 스페인어에서는 치경전동음 [r]과 치경경타음 [ɾ]이 대조적 (음소적)으로 쓰이고 있다(예: *perro* [pero] '개(犬)' : *pero* [peɾo] '그러나', *carro* [karo] '수레' : *caro* [kaɾo] '비싼', '귀여운'). 미국영어에서는 유성음 간의 [t, d]가 날름소리 [ɹ]로 나는 게 보통이다. 그래서 *latter* '후자'와 *ladder* '사닥다리', *writer* '작가'와 *rider* '기수' 등이 동음이의어가 되는 경 우가 많다. 국어의 ㄹ은 모음 앞에서 대체로 경타음으로 발음되는데 날름 소리로 내는 사람도 있다.

유음의 변형으로는 경구개 설측음(palatal glide, 기호 [ʎ]), 설측의 간극을 좁혀서 설측음을 마찰음화 시켜서 내는 설측 마찰음(lateral fricative, 기호 [ɬ, ɮ]), 및 전동음을 마찰화한 마찰전동음(fricative trill, 기호 [r̝])이 있다. 국어에서 **훌륭, 살림, 활량** 등에서의 **ㄹㄹ**의 발음은 경구개 설측음 [ʎ]이다. Welsh어에 무성 설측 마찰음이 있으며(예: Welsh: *leu* [ɬeu] 'lion', *cyllell* [kəɬeɬ] 'knife'), Czech어에는 마찰 전동음 [r̝]도 있다. 체코의 유명한 작곡가 Antonin Dvořák(1841-1904)의 이름 중간에 있는 r̝이 마찰전동음이다. 발음을 [**드보락**]이라고 하지 않고 [**드보르작**]이라고 하면서 [**ㅈ**]이 개입된 이유가 바로 [r]의 마찰성 때문이다.

(5) **활음**(滑音 glide): 개구도를 더 넓히면 구강의 협착이 거의 없이 소리를 낼 수 있다. 모음에서 또는 모음으로 미끄러져 가는 소리라고 해서 활음(glide)이란 이름이 붙여졌는데, 음질이 모음과 비슷하기 때문에 반모음(半母音 semi-vowel)이라고도 한다. [j](=미국식 [y]), [w]가 대표적 예이다. [j]는 모음 [i]가, [w]는 모음 [u]가 모음성을 잃었을 때 나오는 소리라고 보아도 되겠다. 조음위치로는 [j]는 구개활음(palatal glide)이며, [w]는 순연구개활음(labial-velar glide)이다.

활음의 비교적 흔한 변형으로는 [j]의 원순(圓盾 rounded) [ɥ]가 있고(예: 프랑스어의 *huit* [ɥit] '여덟'), [w]의 무성 [ʍ]가 있다. 영어의 *what, when, why* 등에서의 *wh*가 [ʍ]로 발음된다.

(4)의 유음과 (5)의 활음이 인상적인 용어이며 조음간극도에 의한 과학적 용어가 아니라는 이유로, 둘을 합해서 **접근음**(接近音 approximant)이라고 부르자고 맨 처음 Ladefoged가 여러 해 전에 주장하면서 지금은 많이 받아들여지고 있다. 접근음이란 상위(upper)와 하위(lower)의 조음기관이 접촉이나 협착이 없이 접근만 해서 생성된다는 의미로 생겨난 용어이다.

지금까지 본 조음방식에 빠진 자음류(子音類)가 하나 있다. 비자음(鼻子

音 nasal consonant)이다. 비모음과 대조하지 않아도 될 때는 그냥 비음 (nasal)이라고 한다.

숨이 가쁘지 않을 때나 코가 막히지 않았을 때는 우리는 보통 입을 닫은 채로 호흡을 한다. 평상시에는 연구개와 목젖이 후설(後舌) 위에 내려앉아 있어서 비강(鼻腔 nasal cavity)을 통해 호흡을 하기 때문이다. 그런데 발성 모드(mode)의 연구개의 위치는 위로 올라가 비강에로의 통로를 막음으로써, 허파에서의 기류가 구강을 통해 빠져나가게 하는 것이다. 그래야만 구강에서의 조음이 가능하니까. 그러나 소수의 경우 발성 시 연구개가 내려와서 기류가 비강을 통해서 나게 한다. 이때 나는 말소리가 비음이다. ㅁ[m], ㄴ[n], ㅇ[ŋ] 이 비자음의 대표적 예이다.

이제 폐의 기류로 생성된 자음을 조음위치와 조음방식으로 분류한 것을 도표로 보이면 다음과 같다.

(4.6) 조음위치와 방식에 의한 자음의 분류

| | 순음 (labial) | | 치음 (dental) | | 치경음 (alveolar) | | 구개음 (palatal) | | 연구개음 (velar) | | 성문음 (glottal) |
|---|---|---|---|---|---|---|---|---|---|---|---|
| 파열음 (stop) | p ㅍ | b ㅂ | | | t ㅌ | d ㄷ | | | k ㅋ | g ㄱ | |
| 비음 (nasal) | | m ㅁ | | | | n ㄴ | ɲ | | | ŋ ㅇ | |
| 마찰음 (fricative) | f | v | θ | ð | s ㅅ | z | ʃ | ʒ | | | |
| 파찰음 (affricate) | | | | | | | ʧ ㅊ | ʤ ㅈ | | | |
| 유음 (liquid) | | | | | l, r ㄹ | | | | | | |
| 활음 (glide) | | | | | | | j | ʍ | w | | h ㅎ |

위의 도표에 쓴 음성기호들은 이른바 **국제음성기호**(International Phonetic Alphabet, IPA. 앞쪽 면지에 있는 도표 참조)이다. 그런데 같은 로마자가 유럽과 미국에서 다르게 발음되기 때문에, 또 타자기나 컴퓨터 자판에 없는 기호의 불편을 덜기 위해, 미국 학계에선 다음과 같은 변형 기호를 쓰기도 한다. 어느 것이든 하나를 택해서 일관성 있게만 쓰면 될 것이다. 적어도 한 논문이나 책 안에서만은. 이 책에선 주로 IPA를 쓰기로 하겠다.

(4.7) 국제음성기호(IPA)와 미식 변형기호의 예

| IPA | 미식 변형 |
|---|---|
| [ʃ] | [š] |
| [ʒ] | [ž] |
| [ʧ] | [č] 또는 [c] |
| [ʤ] | [ǰ] 또는 [j] |
| [j] | [y] |
| [ŋ] | [ng] |
| [ɲ] | [ñ] 또는 [ny] |
| [ʍ] | [hw] |

기식(氣息 aspiration)의 표시는 [h]를 어깨글자(superscript)로 [pʰ, tʰ, kʰ] 와 같이 표기하는 것이 원칙이지만, 역시 타자의 편리를 위해 연자(連字)로 [ph, th, kh]로 쓰기도 한다. 또 한 가지 유의할 것은 기호의 명칭을 쓸 때에 는 다음의 순서로 나열한다는 사실이다. 또 같은 조음위치(同位)에서의 한 쌍은 무성을 유성 앞에 둔다. 예; [p b], [t d], [f v], [s z], [k g] 등.

(4.8)

| | 기식<br>(aspiration) | 성<br>(聲 voicing) | 조음위치<br>(place) | 조음방식<br>(manner) |
|---|---|---|---|---|
| [pʰ] = | aspirated<br>유기 | voiceless<br>무성 | bilabial<br>양순 | stop<br>파열음 |
| [z] = | (unaspirated)<br>(무기) | voiced<br>유성 | alveolar<br>치경 | fricative<br>마찰음 |
| [ŋ] = | (unaspirated)<br>(무기) | (voiced) | velar | nasal |

괄호 안에 든 것은 대체로 자명하거나 거의 보편적인 것으로 반드시 명세할 필요가 없어서 관습적으로 생략하는 항목이다. 즉 유성이면 대개 무기음이고, 비음이면 대체로 유성(이고 무기)라는 말이다. 그러나 힌디어 (Hindi)에는 유성유기(voiced aspirate)도 있고, 버마어(Burmese)에는 무성 비음(voiceless nasal)도 있으니까, 이런 경우에는 "거의" 보편적인 것도 명세해 주어야 할 것이다.

(4.9) Thai어의 예

| 유성 | ba: 'crazy' | da: 'curse' |
|---|---|---|
| 무성 무기 | pa: 'aunt' | ta: 'eye' |
| 무성 유기 | pʰa: 'cloth' | tʰa: 'landing place' |

(4.10) Burmese어의 예

| 유성비음 | 무성비음 |
|---|---|
| ma 'lift up' | m̥a 'from' |
| na 'pain' | n̥a 'nose' |
| ŋa 'fish' | ŋ̊a 'borrow' |

1. 다음의 명세는 가능한 자음인가? 가능한 자음은 그 음성기호를 써넣으라 (IPA로).

　　voiced  bilabial  nasal
　　voiced  alveolar  ejective
　　voiceless  glottal  fricative
　　voiced  bilabial  implosive
　　voiced  palatal  fricative

2. sibilant(치찰음 齒擦音)이란 무엇인가? 이런 범주가 왜 필요할까?

3. trill(전동음, 굴림소리)과 tap(경타음, 혀침소리)과 flap(탄설음, 날름소리)의 차이는 무엇인가?

4. 국어에는 파열음이 마찰음보다 더 많은데, 영어에는 마찰음이 파열음보다 더 많다. 그 이유가 무엇이라고 생각하나?

5. 영어에서 [ʧ](*church*)와 [ʤ](*judge*)는 단음소로 인정하면서 [ts]와 [dz]는 단음소로 인정하지 않고 두 음소의 나열로 본다. 왜 그럴까?

6. 순치음(labiodental)은 윗니와 아랫입술로 조음한다. 아랫니와 윗입술로 조음할 수도 있는데, 이런 순치음은 없다. 왜 그럴까?

7. 저자의 한 동료는 국어의 [ㄷ]이 [ㄹ]로 들리게 발음한다. 예: "**어디**"

[어리]. 이 현상을 설명할 수 있나?

8. 양순 전동음(bilabial trill, [B])은 조음하기 쉽다. 그런데도 언어음으로 드물게 쓰인다. 왜 그럴까?

9. 공시조음(coarticulation)과 이중조음(double articulation)의 차이는 무엇인가? 예를 들어 설명하라.

10. 일차조음(primary articulation)과 이차조음(secondary articulation)의 차이는 무엇인가? 예를 들어 설명하라.

11. 다음은 *Reader's Digest* 2018년 11월호, 61쪽에서 따온 것인데, 두 사람이 인터넷에서 일반 어휘와 발음이 비슷한 나라 이름을 빌어 대화를 한 것이다. 이해를 돕기 위해, 국명을 이탤릭체로 표기했고, 번역을 달았다. 국명이 대신한 일반 어휘가 무엇인가 밝히라.

Amanda: Luisa, I am *hungary* '루이사, 나 배고파.'
Luisa: Maybe you should *czech* the fridge. '그럼 냉장고를 체크해 봐.'
Amanda: I am *russian* to the kitchen. '지금 부엌으로 달려가고 있어.'
Luisa: Maybe you will find some *turkey.* '거기 칠면조가 있을 거야.'
Amanda: We have some, but it's covered in *greece.* '있어, 근데 기름 범벅이야.'
Luisa: Ew, there is *norway* you can eat that. '억, 그건 도저히 먹을 수 없지.'
Amanda: I think I'll settle for a can of *chile.* '칠리 한 깡통 먹고 말래.'
Luisa: I would love a *canada chile* as well. '나도 통조림한 칠리 먹고 싶어.'
Amanda: *Denmark* your name on the can. '그럼 네 이름을 캔에 써놔.'

# 5장 모음(Vowels)

지금까지 자음의 생성과 분류를 보았는데, 모음의 기술도 자음의 기술처럼 할 수 있을까? 자음도 모음도 말소리(언어음)인 만큼 같은 기준으로 일관성 있게 기술하는 것이 바람직하다고 하지 않을 수 없다. 우리는 자음을 기류가 구강을 지날 때 맞는 저해지점의 위치(=조음위치)와 저해 정도(=조음방식)를 기준으로 분류하였다. 바로 여기에 문제가 있다. 왜냐하면 우리는 모음을 구강 안에 아무런 협착이 없이, 즉 기류의 저해가 없이 나는 소리라고 규정하였기 때문이다. 그러면 모음 분류의 기준은 무엇인가?

몇 개의 다른 모음, 예를 들면 [i](ㅣ), [ɑ](ㅏ), [u](ㅜ), [æ](ㅐ) 등을 천천히 발음하면서 발성기관의 움직임을 눈여겨보면 혓몸의 위치가 모음에 따라 위아래로 또는 앞뒤로 바뀌며, 때로는 입술모양도 바뀜을 볼 수 있다. 즉 [i]나 [u] 모음을 발음할 때는 혓몸이 올라가 있는데 [ɑ]나 [æ] 모음을 발음할 때는 턱을 벌리면서 혓몸이 내려감을 알 수 있다. 한편 [i], [ɑ], [æ] 등을 발음할 때는 입술이 펴져있는데, [u]나 [o]를 발음할 때는 입술이 둥글게 오므라지고 앞으로 나옴을 볼 수 있다. 여기서 우리는 모음을 구별하는 척도가 (1) **혓몸의 높낮이**(高度 tongue height), (2) **혓몸의 앞뒤 위치**(tongue advancement), 그리고 (3) **입술의 둥글기**(=원순 圓盾 lip rounding). 이렇게 셋이 있음을 알 수 있게 된다.

모음을 발성할 때의 혀의 구강 안에서의 움직임을 살펴보면 그 활동범위가 일정 영역에 국한되어 있음을 알 수 있다. 혀가 입 밖으로 나오거나 인강(咽腔 pharyngeal cavity)으로 빠지거나 하지 않고 구강의 뒤쪽에 국한되어 있다. 여러 모음을 발성할 때의 혓몸의 최고점을 이어보면 다음과 같은 거취영역을 얻게 된다. 이것이 바로 **모음도**(母音圖 vowel chart)의 기원이다. (Ball & Rahilly 1999:92, Fig. 5.2)

(5.1) 모음 영역

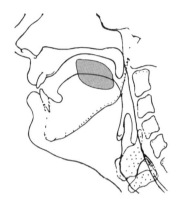

　위 그림에서 고구마 또는 미식축구(American football)의 축구공처럼 생긴 검은 부분이 모음의 영역인데, Abercrombie(1967:157)는 이를 vocoid space라고 불렀다. X(뢴트겐)선 사진으로 본 영어모음 일곱(1. [i] *heed*, 2. [ɪ] *hid*, 3. [ɛ] *head*, 4. [æ] *had*, 5. [ɑ] *father*, 6. [ʊ] *good*, 7. [u] *food*)을 발음할 때의 혓몸의 최고점(Ladefoged & Johnson 2015:22, Fig. 1.14에서 따옴)을 이은 모양과 비슷함을 볼 수 있다.

(5.2) 영어 7모음의 최고점

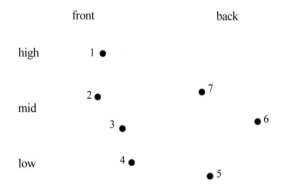

혓몸의 최고점으로 모음을 규정한다는 사실은 최고점을 알면 여기에서 나머지 혓몸의 형상이 유도된다는 가정에서 비롯된다. 혀는 종잇장이나 손수건 같이 아무렇게나 접히고 굽힐 수 있는 물체가 아니기 때문이다.

(5.1)의 모음영역을 형식화하여 곡선을 직선으로 바꾸면 음성학 책에서 흔히 보는 사다리꼴(trapezoid)의 **모음도**(vowel chart)를 얻게 된다.

모음은 그 수와 음가에 있어서 나라말에 따라 다르다. 그리하여 영국의 저명한 음성학자 Daniel Jones(1881-1967)가 모음 기술의 범언어적인 잣대를 만들기 위해 Cardinal Vowel system(**기본모음제도**)란 것을 고안하고 제안하였다. 그 설계의 과정은 다음과 같았다.

우선 사다리꼴의 모음도에서, 맨 앞과 위의 지점, 그리고 이와 대각선으로 반대쪽인 맨 뒤와 아래 지점((그림 5.1)에서 두 뾰족한 지점)을 기준점으로 잡았다. 첫 지점은 혓몸이 더 이상 앞으로 가거나 올라가면 모음의 자질을 잃고 반모음 [j]가 되는 지점이고, 둘째 지점은 혓몸이 더 이상 내려가거나 뒤로 가면 인강 자음이 되는 지점을 상징한다. 다음으로 이 두 지점의 아랫선을 4등분하고 두 지점의 윗선을 3등분 하였다. 마지막으로 이렇게 해서 얻은 8지점에 맨 왼쪽 위로부터 돌아가며 번호를 매기고, 여기에 대표적 음성기호를 아래와 같이 할당하였다.

(5.3) 제1차 기본모음 (Primary Cardinal Vowels)

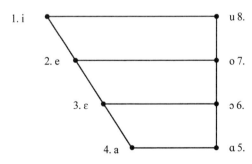

Jones는 이를 Primary Cardinal Vowels(제1차 기본모음)이라고 부르고, 원순성이 반대되는 모음과 중설모음을 추가한 것을 Secondary Cardinal Vowels(제2차 기본모음)이라고 불렀다. 음성기호로서 인쇄체 [a]와 필기체 [ɑ]의 음가가 다름을 유의하라.

(5.4) 제2차 기본모음(Secondary Cardinal Vowel)

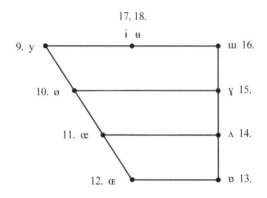

여기서 두어 가지 유의할 것이 있다. 첫째는 기본모음의 음가는 어느 특정 언어의 모음이 아니며, 어느 나라말의 모음이던 이 기본모음에 준해서 음가를 규정하고 추정할 수 있는 보편적 조회의 기준을 제공한다는 사실이고 (실험을 통한 이 사실의 장점에 대해서는 Ladefoged 1960 참조), 둘째는 기본모음도의 두 극한점(CV #1과 #5)은 앞에서 언급했듯이 조음적 위치로 규정되지만, 나머지는 조음적이 아니라 청각적인 거리(auditory distance)로 규정된다는 사실이다. 다시 말하면 CV #1과 CV #5를 잇는 선을 4등분한다는 것은 혓몸의 최고점의 **공간적** 거리를 4등분한다는 것이 아니라, **청각적** 거리를 4등분 한다는 사실이다. 구체적인 예를 들면, CV #2인 [e]는 발성시의 혀의 위치(높이)가 CV #1인 [i]와 CV #3인 [ɛ]와의 공간적 중간이 아니라, 청각적 거리로 CV #1과 CV #3 사이의 꼭 중간이

라는 사실이다. Jones는 이것을 auditory equi-distance(청각적 등거리)라고
불렀다.

## 5.1. 모음의 고도(Vowel height)

이런 모음도에서 모음의 높낮이(height)를 고모음(high vowel), 중모음
(mid vowel), 저모음(low vowel)으로, 모음의 앞뒤(advancement)를 전설
모음(front vowel), 중설모음(central vowel), 후설모음(back vowel)이라고
지칭한다.[4] 모음의 수는 각 나라말에 따라 다를 수 있다. 적게는 셋([i],
[ɑ], [u] - 예: 하와이어), 흔히 다섯([i], [e], [ɑ], [o], [u] - 예: 일본어, 스페
인어, 이태리어), 많게는 여남은이나 된다 (예: 영어). 그래서 세 고도로는
모자라서 중설모음(mid vowel)의 mid를 중고(mid-high)와 중저(mid-low)
로 고도를 넷으로 늘리기도 한다. 영어의 중모음에서 전설의 [e]와 [ɛ],
후설의 [o]와 [ɔ]를 이렇게 기술한다. 또 고저(high/low) 대신 close/open을
쓰는 음성학자도 있다.

다음의 그림은 국어의 단모음의 음가를 모음도에 넣어 표시한 것이다
(이호영 1996:61, 도표 11에서 옮김).

---

[4] 고모음을 '고설모음', 저모음을 '저설모음'이라고 부를 수도 있겠지만, 중모음(mid
vowel)을 '중설모음'이라고 하면 central vowel과 혼동되기 때문에 모음의 고도는
그냥 '고모음', '중모음', '저모음'이라고 한다.

(5.5) 국어 모음도

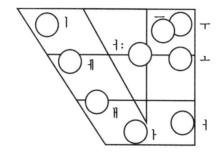

## 5.2. 모음의 전후(Vowel advancement)

모음도에서 가장 가운데인 중설중모음(mid central vowel)은 [ə]이다. 이를 schwa(슈와)모음이라고 하는데, 조음적으로 가장 중립적이고 청각적으로 두드러지지 않아서, 영어에선 강세모음이 강세를 잃었을 때 이 모음으로 변한다. 예: *magic*[mæʤɪk] '마술' - *magician*[məʤiːʃən] '마술사', *Japan*[ʤəpæn] '일본' - *Japanese*[ʤæpəniːz] '일본어, 일본인'. 각 나라말에 가장 무표적이고 중립적인 모음이 규정되어 있는데, 국어에선 'ㅡ'[ɨ]모음이다. 이 모음이 연결모음(linking vowel)으로 (예: **마시는 - 먹은, 뜁니다 - 걸읍니다**), 또 외래어 전사 때 삽입모음(epenthetic vowel)으로 쓰인다 (예: *Christmas* - **크리스마스**, *bus* - **버스**). 한편 일본어의 삽입모음은 ㅜ[u]이다 (예: *beer* - **비루**, *club* - **쿠라부**). [i]가 삽입모음인 언어도 있다 (예: 하와이어. *Chrismas* - [kirikimaka]) (하와이어에선 [s], [t]가 없어서 [s]가 [k]로 전사된다. 그래서 *Tahiti*는 [kahiki]로 발음된다.).

삽입모음은 모두 고모음 [i, ɨ, u]인데 이는 schwa 모음 [ə]와 더불어 공명성이 가장 낮아서 청각적으로 가장 덜 두드러진 모음이기 때문일 것이다.

## 5.3. 원순(Lip rounding)

모음의 고도와 전후성 외에, 원순성도 있음을 위에서 언급하였다. 대체로 전설과 중설모음은 비원순이고 후설모음 ㅜ[u] ㅗ[o]는 원순이다. 물론 이것이 모음의 무표적 원순가(價)이지만, 유표적으로 전설모음이 원순일 수도 있고, 후설모음이 비원순일 수도 있다. 프랑스어가 전자의 좋은 예이다.

(5.6)

프랑스어:  [i] + 원순 = [y]      예: plus [ply] '더'
　　　　　　[e] + 원순 = [ø]　　　　peu [pø] '조금'
　　　　　　[ɛ] + 원순 = [œ]　　　　pleur [plœr] '눈물'
　　　　　　[j] + 원순 = [ɥ]　　　　puis [pɥi] '그때'
　　　　　　[u] − 원순 = [ɯ]      예: 일본어의 /u/
　　　　　　[o] − 원순 = [ɤ]
　　　　　　[ɔ] − 원순 = [ʌ]
　　　　　　[w] − 원순 = [ɰ]

미국영어에서 *god, dot, cod* 등 어휘에서의 *o*가 [ɑ]로 발음된다. 재미있는 것은 어떤 화자는 [ɔ]와 [ɑ] 둘을 구분해서 발음한다는 사실이다. 다음 예들에서 윗줄은 [ɔ]로, 아랫줄은 [ɑ]로. 그러나 어떤 화자에게는 동음이의어이다.

(5.7)

| caught [kɔt] | taught [tɔt] | bought [bɔt] | gaud [gɔd] |
|---|---|---|---|
| cot [kɑt] | tot [tɑt] | bot [bɑt] | god [gɑd] |

## 5.4. 모음의 긴장도(Vowel tensity)

모음을 분류하는 또 하나의 기준은 긴장(緊張 tense)과 이완(弛緩 lax)의 대립이다. 이것을 정확한 수치로 나타낼 수 없기 때문에 비과학적이라는 이유로 이러한 음질을 인정하지 않는 음성학자도 있지만, 자음의 경우에도 적용할 수 있는 편리성이 있어서 (예를 들면 국어의 된소리를 긴장음, 예사소리를 이완음이라고 할 수 있다), 많은 책에서 쓰이고 있다. 특히 영어의 모음 체계에서 다음과 같은 모음의 쌍을 긴장모음과 이완모음으로 기술한다.

(5.8)

| 긴장모음 | *heed* [hiːd] | *heyed* [heɪd] | *who'd* [huːd] | *hoed* [hoʊd] |
|---|---|---|---|---|
| 이완모음 | *hid* [hɪd] | *head* [hɛd] | *hood* [hʊd] | *hod* [hɔd] |

음운론적으로 한 가지 흥미로운 것은, 긴장모음은 후행하는 자음 없이 1음절 단어를 이룰 수 있으나, 이완모음은 그럴 수 없으며, 반드시 자음이 후행해야 한다는 사실이다. 예: *see, bee, tea, may, bay, say, two, who, bow, toe, low* 등. 그러나 [sɪ], [bɪ], [mɪ], [sɛ], [tɛ], [hʊ], [tʊ] 류의 영어 단어는 없다. 이완모음 뒤에는 반드시 자음이 와야 한다. 예: *sin, bit, set, ten, hood, took* 등. 이런 기준에서 보면 [æ], [ʌ]는 이완모음이며, [ɑ]는 긴장모음으로 분류된다. [æ], [ʌ]로 끝나는 단음절 영어 단어는 없으며, 자음이 후행해야만 하는데 (예: *sat, man; but, come*), [ɑ]로 끝나는 단음절 단어는 가능하기 때문이다 (예: *ma, pa, blah, rah*).

자음에 비자음(鼻子音 nasal consonant)이 있듯이, 모음의 경우에도 연구개를 내려 비강을 통해서 기류가 빠져 나가게 할 수 있다. 이를 비모음

(nasal vowel, 또는 nasalized vowel)이라고 하는데, 프랑스어에 비모음이 여럿 있음은 잘 알려진 사실이다. 예: *un bon vin blanc* [œ̃ bɔ̃ vɛ̃ blɑ̃] '좋은 흰 포도주'. 예에서 보이듯 비모음의 표시는 모음 위에 식별부호 (diacritic mark) 틸더(tilde) [˜]를 그어 넣는다.

지금까지 본 모음은 단모음(monophthong)이라는 것으로 조음기관의 아무런 동요 없이 지속해서 낼 수 있는 모음이다. 그런데 이러한 단모음 뒤에 [ɪ]나 [ʊ]가 올 때가 있다. 예를 들면 영어의 *say*의 모음은 단모음 [e] 위에 [ɪ]가 온 [eɪ]이고, *my*의 모음은 단모음 [a] 뒤에 [ɪ]가 온 [aɪ]이고, *go*의 모음은 단모음 [o] 뒤에 [ʊ]가 온 [oʊ]이며, *cow*의 모음은 모음 [a] 뒤에 [ʊ]가 온 [aʊ]이다. 이러한 모음을 **이중모음**(二重母音 diphthong)이라고 한다. 이러한 모음은 중설이나 저설에서 고설모음 쪽으로 움직이려는 시늉을 할 뿐, 실제로 고모음의 위치에까지 도달하지는 않는다. 여기에 이중모음 [aɪ]나 [aʊ]와 두 모음이 연접한 [ai]나 [au]와의 차이가 있다. 전자는 한 음절임에 비해 후자는 두 음절을 이룬다. 영어의 *say*[seɪ]와 국어의 **세이다**[sei-da], 영어의 *sow*[saʊ] '암퇘지'와 국어의 **싸우다**[s'au-da], 또 영어의 *go*[goʊ]와 국어의 **고우**(故友)[kou], 영어의 *cider*[saɪdə]와 국어의 **싸이다**[s'ai-da]를 비교해 보면 이를 알 수 있다.

영어의 다섯 이중모음(bay[beɪ] '만(灣)', *buy*[baɪ] '사다', *bow*[baʊ] '절', *bow*[boʊ] '활', *boy*[bɔɪ] '소년')의 행보를 모음도에서 보면 다음과 같다.

(5.9) 영어의 다섯 이중모음

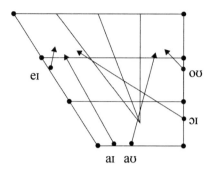

   세 모음이 연접하면서 한 음절을 이루는 **삼중모음**(三重母音 triphthong)
도 있을 수 있다. 영국식 영어의 [aɪə] (예: *fire, tire*), [aʊə] (예: *hour,*
*tower*)가 그 예이다. (미국식 영어에선 [r]가 후행하는 이중모음 [aɪr], [aʊr]
이다.)

1. 영어에 긴장모음(tense vowel)과 이완모음(lax vowel)이 있다고 하였
   다. 다음에 열거한 모음은 긴장모음인가 이완모음인가? 영어 단어의
   예를 들라.

   > [i]
   >
   > [e]
   >
   > [ɛ]
   >
   > [o]
   >
   > [u]
   >
   > [ɔ]
   >
   > [ə]
   >
   > [ʌ]
   >
   > [ɪ]

2. 영어의 이중모음과 국어에서 개입자음이 없는 비슷한 이음절어를 비
   교해보고 음성적 차이를 명세하라.

   | 영어 이중모음 | 국어 이음절어 |
   | --- | --- |
   | *I, eye* [aɪ] | 아이 |
   | *go* [goʊ] | 고우(故友) |
   | *boy* [bɔɪ] | 보이(다) |
   | *day* [deɪ] | 데이(다) |
   | *down* [daʊn] | (아름)다운 |
   | *sour* [saʊr] | 싸워 |
   | *sire* [sar] | 싸이어, 싸여 |

3. 조음적으로 모음과 자음을 구별하는 척도는 무엇인가? 반모음(semi-vowel)이란 무엇인가? 반자음(semi-consonant)이라고 부를만한 어음은 없을까?

4. 다음 정의는 가능한 모음인가? 가능한 모음은 그 음성기호를 써넣으라(IPA로).

    front close unrounded
    front mid close rounded
    back central close rounded
    back open rounded
    central high rounded

5. 모음영역(vowel area)이란 무엇인가? 이를 어떻게 규정하나?

6. 다음은 모음은 다 빼고 자음으로만 된 문장이다. 빠진 모음을 보충하라. (번역 참조)

FRANK AND ERNEST        Bob Thaves

F W WNT T TLK RLLY GD, W'LL HV T NVNT VWLS.

Reprinted by permission. © 1980 NEA. Inc.

'우리가 말을 정말 잘 하려면, 모음을 발명해야만 해.'

7. 다음은 *Reader's Digest* 2018년 11월호, 34쪽에서 따온 것인데 동음을 이용한 말놀이이다. 이해를 돕기 위해 필자가 마지막 두 단어를 이탤릭채로 바꿨다. 직역은 동문서답 같다. 그러나 이탤릭체의 어휘를 잘 살펴보면, 이 말놀이가 의도한 농이 무엇인지 알게 될 것이다. 무엇일까? 비슷한 말놀이의 예를 국어로 하나 만들어보라. (정답이 다음 쪽 아래에 있다.)

Q: Why is *o* the noisiest vowel?

　(질문: "왜 *o* 가 가장 소리 큰 모음이지?")

A: All the others are *in audible*.

　(답: "다른 것들은 *audible*에 다 있으니까.")

8. 머리 수축 전문의 피터

By permission of Johnny Hart and Creators Syndicate, Inc.

환자: "목에 경련이 일어납니다."

의사: "아마도 시냇물에 목을 박았기 때문일꺼요."

환자: "그런 건 사기꾼이나 할 짓이지요."

의사: "개골개골이나 하시요."

이것은 crick [ɪ] '경련', creek [iː] '시내', crook[ʊ] '사기꾼', croak [oʊ] '개골개골하다'에서 보듯, [k]와 [k] 사이의 모음이 달라지면서 의미도 달라지는 것을 이용한 만화이다. 이런 예를 국어에서 들어보라.

[ʧɛk]의 동음이의어를 쓴 말놀이

웨이터: "더 원하시는 것 없습니까?"

손님: "체크(계산서)면 됩니다."

웨이터: "프라하에서 인사드립니다!"

손님: "이 농을 하려고 얼마나 기다리셨나요?"

웨이터: "검색해 볼까요."

[연습문제 7의 정답]

(정답: *a, e, i, o, u*의 다섯 모음 중 *audible*에 *a, u, i, e*는 있는데 *o*는 없음. 그리고 *in audible*을 붙여 쓰면 *inaudible* '안 들리는'이 되니까, 의도한 답은 '다른 것(모음)들은 안 들리니까'가 된다.)

# 6장 음절(Syllable)

**달, 봄,** *dog, cat* 등의 어휘를 발음할 때 우리는 설사 철자법을 모르더라도, 각 단어의 흐름에 말소리가 셋 있다고 느껴 알 수 있다. 사실상 정서법에서 세 글자로 쓰기 때문에 말소리가 셋 있다고 느낀다기보다, 이들 어휘가 세 개의 말소리로 구성되어 있다고 느껴지기 때문에 세 글자로 표기하게 되었다고 보는 것이 옳을 것이다. 이렇게 소리의 흐름을 토막으로 나눠서 어음이 산출된다고 하여, 이런 어음을 **분절음**(分節音 segment)이라고 한다.

그런데 분절음처럼 연속적으로 일어나지 않고, 분절음을 타고 분절음과 동시에 나타나는 음성현상이 있다. 예를 들면 세 분절음 ㄷ ㅏ ㄹ의 연결인 달을 음계(pitch)가 높게 발음할 수도 있고 낮게 발음할 수 있으며, 소리를 크게 발음할 수도 있고 작게 발음할 수도 있으며, 또 길게 발음할 수도 있고 짧게 발음할 수도 있다. 마치 가요를 작곡하려면 주어진 가사에 음계(音階)와 음장(音長)과 음량(音量)의 옷을 입혀야 하는 것처럼, 분절음도 이세 가지 요소를 타고 발음된다. 분절음 위에 얹혀서 나는 요소들이라고 해서 이들을 **초분절소**(超分節素 suprasegmentals)라고 한다 (영국에서는 prosodic features(**운율적 요소**)라고 부른다). 음악에서만큼 엄격하고 광범위하게 이들이 기능을 발휘하지는 않지만, 언어에서도 중요한 역할을 하기 때문에 이들에 대한 고찰이 필요하다.

음절이란 무엇인가? 일본어나 중국어 같은 음절문자어는 한 자(字)가 한 음절을 이룸을 쉬 알 수 있다. 한글은 음소문자이면서도 음절단위로 쓰이기 때문에 초중종(初中終)성의 한 문자 단위가 한 음절을 이룬다. 그런데 알파벳 문자인 영어를 비롯한 서구어는 초성과 종성이 한 자 이상일수 있기 때문에 (특히 영어와 독일어에서), 다음절어의 경우 음절의 경계가 분명치 않다. 그럼에도 불구하고 화자들은 음절의 수를 비교적 정확히 알아맞힌다. 예를 들면 *hospital* '병원'은 3음절어이고, *America* '아메리카'는 4음절어이고, *university* '대학교'는 5음절어임을 쉬 안다. 그렇다고 각 음절이 독립된 단어나 형태소(morpheme)를 이루고 있기 때문이 아니다. *football player*같은 복합어(compound word)는 *foot*, *ball*, *play*의 단어와 *-er*의 형태소로 이루어져있다 (번역어 '**축구선수(蹴球選手)**'가 이를 반영한다). 그러나 *hospital*의 *hos-, -pi, -tal*은 단어도 형태소도 아니다. 그럼에도 불구하고 영어 화자는 *hospital*이 3음절로 구성되어 있음을 바로 안다. 또 이 단어를 거꾸로 말해보라고 하면 tal-pi-hos라고 거침없이 말한다. 흥미로운 것은 음소단위로 *l-a-t-i-p-s-o-h*라고 뒤집지 못한다는 사실이다. 사실 음소단위로 뒤집기는 간단한 2음절어도 힘들다. **밤낮**, *mascot* '매스콧'을 거꾸로 말해보라. ㅈ-ㅏ-ㄴ-ㅁ-ㅏ-ㅂ([잔맙]), *t-o-c-s-a-m* [톡샘]이라고 쉬 말하기 힘들 것이다. 이것은 화자가 음소 단위보다는 음절 단위를 의식하고 있음을 말해준다. 사실 발화의 최소단위는 음절이라고 한다. 그렇다면 음절은 무엇인가? 이에 대한 대답은 그리 쉽지가 않다.

일찍이 Stetson(1951)은 흉맥(胸脈 허파의 맥박)이 음절을 생성한다는, 이른바 **허파맥박이론**(chest pulse theory)을 제창했으나, 사실이 아님이 나중에 증명되었다. 현재로선 음절에 상응하는 아무런 생리적/조음적 현상도 찾아볼 수 없다. 그리하여 Ladefoged & Johnson(2015:318)은 음절을 "a unit of speech for which there is no satisfactory definition"('만족할만한 정의가 없는 말(口語)의 단위')라고 규정하고 있다.

그런대로 음절에는 구조와 구성요소가 있다. 우선 음절에는 **핵(核** nucleus)이 있고 그 주위에 **변(邊** margin)이 있을 수 있다. 핵을 이루는 모음을 **핵모음**(核母音 nucleus vowel)이라고 하는데, 모음만이 음절의 핵(syllable nucleus)을 이룰 수 있는 것은 아니다. 비음(nasal)이나 유음(liquid)도 핵의 역할을 할 수 있다 (예: 영어: *button*[bʌt**n̩**], *simple*[simp**l̩**]; 스와힐리어 **n̩**ne '넷', **m̩**toto '아이'). 이들을 **성절자음**(成節子音 syllabic consonant)이라고 부르며, 해당 음성기호 아래에 구별부호 [ˌ]를 써서 성절자음임을 표시한다.

핵모음 앞의 자음을 **초성**(初聲 onset), 뒤의 자음을 **종성**(終聲 coda)이라고 한다. 음절은 자음 없이 핵모음으로만 구성될 수도 있고 (예: *I/eye*, *Oh*, **이**), 자음이 초성이나 종성 하나일 수도 있고 (예: *go, at*, **나, 안**), 초성과 종성 둘이 다 있을 수도 있고 (예: *dog*, **산**), 둘 혹은 그 이상의 자음이 초성이나 종성을 이룰 수도 있다 (예: *start, print, glimpse*, **값, 닭**). 이를 **자음군**(子音郡 consonant cluster)이라고 한다. 종성이 없는 음절을 **개음절**(開音節 open syllable)이라고 하고, 종성이 있는 음절을 **폐음절**(閉音節 closed syllable)이라고 한다.

각 나라말마다 음절구조에 제한이 있는 듯하다. 하와이어와 일본어는 종성을 허락하지 않아서 모든 음절이 CV로 구성되어있다 (일본어에서 n종성은 허용). 국어는 표면형에서 초성과 종성 각 하나씩만 허용한다 (예: **봄, 달, 갓**). 그래서 겹받침이 있는 단어 뒤에 모음이 오면 둘째 자음이 다음 음절의 초성이 되지만, 후행하는 음절에 이미 초성이 있으면, 겹받침 중의 하나가 탈락해야 한다 (예: **없어**[업세], **없다**[업따]; **젊은**[절믄], **젊다**[점따]). 인구어(印歐語 Indo-European Languages)에서도 Germanic계어(영어, 독일어, Scandinavia어)는 자음군을 허용하는데, Romance계어(French, Italian, Spanish)는 개음절을 선호한다.

두 핵모음 사이에 자음군이 있을 때, 음절의 경계를 규정하는 것은 쉽지 않다. 개재 자음이 둘 뿐이면 첫 자음은 앞 음절의 종성, 둘째 자음은 뒤 음절의 초성의 역할을 하는 것이 보통이지만 반드시 그렇지만은 않다 (뒤에 오는 예 참조). 자음이 셋 이상이면 음절 경계는 더 모호해진다. Saussure(1916/1960)와 Jespersen(1926)은 어음의 **공명도**(sonority)에 호소

해서 답을 찾으려 했다. 그들은 공명도의 강도의 순위를 (1)모음 > (2)접근음(반모음>유음) > (3)비음 > (4)마찰음(유성>무성) > (5)파열음(유성>무성)으로 잡고, 음절은 핵모음에서 양쪽으로 위의 순위에 해당하는 어음으로 구성된다고 하였다. 즉 핵모음으로 갈수록 공명도가 증가하며, 핵모음에서 멀어질수록 공명도가 감소한다는 것이다. 예를 들면 *plant*, *trust*, *twirp* 등 어휘의 공명도는 *p-r-i-n-t*, *t-r-u-s-t*, *t-w-i-r-p* 이다. 또 *film*,

5-2-1-3-5, 5-2-1-4-5, 5-2-1-2-5

*harm* 등의 종성에서 유음이 비음 앞에 오는 것은 유음의 공명도가 비음의 공명도보다 더 크기 때문이라고 하였다.

이러한 규정에 매력이 없는 것은 아니나, 예외가 많은 것이 문제이다. 예를 들면 sprint의 공명도는 452135이며 prints의 공명도는 521354이고, glimpsed[glimpst]의 공명도는 5213545이다.

공명도는 대체로 **가청도**(可聽度 audibility)와 **개구도**(開口度 oral aperture)에 비례한다고 볼 수 있다. 그리하여 Jespersen과 Saussure에 의하면 공명도가 감소하다가 방향을 바꾸어 증가하기 시작하는 지점, 즉 >> <<의 지점이 음절경계라고 하였다. (거꾸로 << >>의 지점이 공명도의 정상, 즉 핵음일 것이다.) 여기에도 문제와 예외가 있다. 다음 예를 보라.

영어의 [aɪskrim]은 두 음절어이다. 음절경계는 어디 있을까? 가운데의 자음군 [skr]을 s-kr로, 또는 sk-r로 나눌 수 있을 것이다. 그러나 음절경계는 s-kr (*ice cream*)과 -skr (*I scream*)이다. *cream*의 [k]는 음절초가 되어 기식이 있는 [kʰ]이다. 그러나 *scream*의 [k]는 [s]에 후행함으로 영어에서 [s] 다음의 파열음에 적용되는 이음규칙(異音規則 allophonic rule)에 의하여 기식을 잃은 [k]이다. 이런 예들은 적지 않다. 다음 예들은 Ball and Rahilly(1999:110)에서 옮겨온 것이다.

(6.1)

> /piːstɔːks/ = *peace talks* '평화회담' 또는 *pea stalks* '콩나무 줄기'
>
> /ðætstʌf/ = *that stuff* '그 물건' 또는 *that's tough* '그건 어려워'
>
> /əneɪm/ = *a name* '이름' 또는 *an aim* '목적'
>
> /haʊstreɪnd/ = *how strained* '얼룩진' 또는 *house-trained* '집에서 길들인'
>
> /naɪtreɪt/ = *nitrate* '질산염' 또는 *night rate* '야간요금'

이러한 현상을 **연접**(連接 juncture)이라고 하며, 두 음절에 걸치는 어음을 **양음절소**(兩音節素 ambisyllabic segment)라고 한다.

음절의 구성과 구조가 음운론에서 큰 역할을 하는 한 예를 위에서 국어의 자음 탈락에서 보았다 (**없다** → [업때]). 또 한 예를 영어에서 보자.

영어는 음절을 **경음절**(輕音節 light syllable)과 **중음절**(重音節 heavy syllable)로 나누는데 경음절은 개음절이면서 모음이 약모음(lax vowel)이고 중음절은 폐음절이거나 개음절이라도 모음이 강모음(tense vowel)인 것을 일컫는다. 이런 음절형이 영어의 강세에 미치는 예를 하나 들면, *person* '개인'과 *dialect* '방언'은 둘 다 강세가 첫 음절에 있다. 그런데 형용사화의 접사 -*al*을 붙이면, *person-al* '개인적'의 경우엔 강세가 그 첫 음절(*per*-)에 머물지만, *dialect-al* '방언적'의 경우엔 강세가 후퇴해서 -*lec*-에 붙는다. 이 이유는 *per-so-nal*의 둘째음절 -*so*-는 경음절이지만, *dia-lec-tal*의 둘째음절 -*lec*-[lek]은 중음절이기 때문이라고 Chomsky & Halle(1968:71ff)는 말한다. 같은 이유로 *A'merica, 'Canada, a'nalysis* 등에는 강세가 끝에서 셋째 음절(antepenultimate)에 오지만, *a'genda, ve'randa, sy'nopsis* 등에서는 끝에서 둘째 음절(penult)에 온다. (예외로 보이는 *ad'jacent, anec'dotal, vol'cano* 등은 예외가 아니다. -*ja*-[dʒeɪ], -*do*-[oʊ], -*ca*-[keɪ]가 개음절이지만

모음이 이중모음으로 강모음이기 때문이다. 참 예외도 있다: *ba'nana*[bə 'næna])

　마지막으로 음절의 구조를 보자. 음절에는 초성(O=onset), 중성 (N=nucleus), 및 종성(C=coda)이 있음을 보았다. 이 세 요소의 구조는 어떨까? 이론적으로 다음 세 가지가 있다.

　(6.2) 음절의 구조

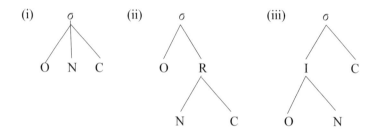

(위에서 σ 는 음절(syllable)을, R은 각운(脚韻 rhyme)을, I는 초성그룹(initial group)을 가리킨다)

　(i)은 음절의 세 요소(O, N, C) 사이에 아무런 계층(hierarchy) 구조가 없음을, (ii)는 음절이 우선 초성(O)과 각운(R)으로 나뉘고 각운이 다시 중성 핵모음(N)과 종성(C)으로 나뉘는 계층관계가 있음을, (iii)은 초성과 핵모음이 한 그룹(I)을 이루면서 종성(C)과 양립하고, I가 다시 초성과 중성으로 나뉘는 계층관계가 음절에 있음을 시사한다.

　국어의 음절 구조는 (i)과 같다고 할 수 있다. 종성이 중성과 더불어 한 단위를 이룬다거나, 초성이 중성과 더불어 한 단위를 이루는 현상이 전혀 없기 때문이다. 그러나 다른 나라말들에는 중성과 종성이 rhyme(각운)이라는 한 단위를 이루는 (ii)와 같은 음절구조가 있음을 보게 된다. 예를 들면 영시(英詩)의 각운은 NC가 일치해야 한다. 예: *day, way, say, may, pay* 등. 그러나 *day*[deɪ]와 *date*[deɪt], *day*[deɪ]와 *dead*[dɛd], *day*[deɪ]와 *die*[daɪ] 등은 각운을 이루지 못한다. 각운이 요구되는 시행(詩行)은 다른 언어에도 있다. 한편 한 시행의 어휘들이 같은 어두 자음 즉 같은 초성이어야 하는 형식도 있다. 이를 두운(頭韻 alliteration)이라고 하는데, 영국의 9세기의 서사시 *Beowulf*에 쓰였다. 예: *Fet and folma, eal gefeormod* 'feet and hands, all devoured'. 또 슬로건이나 광고에도 두운이 쓰임을 볼 수 있다. 미국에서 대학농구의 결승경기가 3월에 열리는데 이를 *March Madness*('3월의 광란')라고 하며, 16강을 *Sweet Sixteen*, 8강을 *Elite Eight*, 4강은 *Final Four*라고 한다.

또 언어사(史)에서 종성이 탈락될 때, 핵모음이 보상적으로 장모음이 되는 경우가 잦다. 예: 라틴어. *sisdo* 'sit' → *si ø do* → *si:do*. 그러나 초성이 사라졌을 때 어떤 보상작용이 나타나는 경우는 없다. 이런 현상은 R이 어떤 최소한의 "무게"를 지녀야하는 음운단위임을 시사한다.

영어의 단음절 어휘를 살펴보면 R의 기능이 엿보인다. 앞에서도 보았듯이 영어의 단음절어는 N(V)만인 *I, eye, oh* 등도 있고, *go, do, so, bay, may, hoe* 등의 CV형도 있고, *at, it, in, on, as* 같은 VC형도 있고, *dog, sit, had, met, fat* 같은 CVC형도 있다. 유의할 것은 CV의 경우 V가 장모음(long vowel)이거나 이중모음(diphthong)이어야만 한다는 사실이다 (이른바 긴장모음 tense vowel). 앞에서 보았듯 V가 이완모음(弛緩母音 lax vowel)이면 단음절어를 이루지 못한다.

이러한 일련의 현상들은 발화의 단위인 음절의 구성과 구조가 음운론에서 간과할 수 없는 역할을 감당하고 있음을 여실히 보여준다.

## 음절의 역할

Baby Blues. Baby Blues Partnership. King **Features** Syndicate

아이: "엄마!"

엄마: "지금 바빠, 죠."

아이: "엄마아!"

엄마: "지금은 안 된다니까, 얘."

아이: "엄마아아!"

엄마: "갈께! (한숨지으며) '엄마'가 네 음절로 길어지지 않으면 칭얼대
야 소용없지..."

다음에 초분절소의 네 항목을 다루기 쉬운 순서로 보자: 음장, 음량,
음계, 운율.

# 7장 초분절소(Suprasegmentals)

## 7.1. 음장(Length, duration)

강세나 성조로가 아니라, 분절음 음장의 장단으로 어사를 구별하는 언어도 있다.

영어도 Daniel Jones식의 음성기호를 쓰면 모음 장단이 변별적이라고 할 수 있다. 예: *hit*[hit] 대 *heat*[hi:t], *bit*[bit] 대 *beat*[bi:t], *pull*[pul] 대 *pool*[pu:l], *full*[ful] 대 *fool*[fu:l]. (미국 음성학/음운론학자들은 모음의 장단 대신 모음의 음질(vowel quality)로 위의 차이를 표현한다. 즉 [ɪ] : [i], [ʊ] : [u]로) 영어를 제외하더라도 여러 나라말에 모음 장단의 구별이 있다.

국어에도 요즘 젊은 세대에서 소실되어가고 있지만, 음장의 구별이 있다고 할 수 있다. 다음 예들을 보라.

(7.1)
단음: 말(馬) 굴(窟) 밤(夜) 병(瓶) 가면(行)  가정(家庭) 사지(死地)
장음: 말:(言) 굴:(貝) 밤:(栗) 병:(病) 가:면(假面) 가:정(假定) 사:지(四肢)

설사 위의 구별을 전혀 하지 않는다 하더라도, 음장의 구별이 "숨어"있음은 부인할 수 없을 것이다. 예를 들면 **놓아**는 ㅎ의 탈락과 더불어 **놔**로 모음축약이 되지만 **좋아**는 **조아→*좌**로 축약되지 않는다. 또 **피어→펴**, **춥어→추어→춰**가 되지만, **잇어**는 **이어→*여**, **덥어→더워→ *뒤**는 되지 않는다. 이 이유는 **놓-, 피-, 춥-** 등의 기저형은 단모음인데 **좋-, 잇-, 덥-** 등의 기저형은 장모음이며, 장모음은 모음축약에 참여하지 않기 때문이라고 밖에는 설명할 수 없다. 언어 현상에는 표면 뒤에 숨은 규칙도 있음을 인정해야 할 것이다 (Kim 2017 참조).

음장의 장단은 대체로 연장이 쉬운 모음이 담당하지만, 자음의 장단으로 의미의 분별을 초래하는 언어도 있다. 아래 (7.2)에서도 예를 들었지만, 한 둘 더 언급하자면 이태리어에서 *nono*[nɔno] '아홉째' 대 *nonno*[nɔn:o] '할아버지', *Papa*[papa] '교황' 대 *pappa*[pap:a] '죽(먹이)' 등의 대조가 있고, Luganda어(아프리카의 Uganda)에서도 [kula] '자라다' : [k:ula] '보물'의 구별이 있다. 장자음을 중자음(重子音 geminate)이라고도 한다. 또 한 분절음이 차지하는 시간의 단위를 mora라고 한다. (일본어에서의 mora에 대해선 McCawley 1977, Kubozono 1988 참조)

다음에 든 예에서 자음의 장단의 예도 포함했다.

(7.2) 분절음의 장단

|  | Short V | Long V | Long C |
|---|---|---|---|
| Danish | vilə 'wild' | viːlə 'rest' | |
| | lɛsə 'load' | lɛːsə 'read' | |
| Finnish | katɔ 'crop' | kaːtɔ 'strike' | kisːa 'cat' (kisa 'game') |
| | tuma 'cell' | tuːma 'inch' | tumːa 'dark' |
| Japanese | biru 'building' | biːru 'beer' | katːa 'won' (kata 'shoulder') |
| | obasan 'aunt' | obaːsan 'grandmother' | |
| Maltese | nizɛl 'went down' | niːzɛl 'coming down' | nizːɛl 'brought down' |
| | dɛra 'used to' | deːra 'appearance' | dɛrːa 'make used to' |
| Arabic | di 'jug' | diːn 'religion' | |
| | dam 'blood' | daːm 'keep on' | |

## 7.2. 음량(Intensity)

음량(音量 sound intensity)은 이른바 강세언어(強勢言語 stress language)에서 강세의 구현에 주로 쓰인다. 강세는 어느 특정한 음절이 다른 음절들에 비하여 음량이 두드러지게 크게 나타남을 일컫는다. 이것을 **돌출**(突出 prominence)라고 한다. 강세를 해당 모음 위에 주강세(primary stress)는 악센트 부호(acute accent) [ˊ]로, 부강세(secondary stress)는 악센트 부호(grave accent) [ˋ]로 나타내기도 하지만, 강세의 영역이 모음만이 아니고 음절임을 나타내기 위해 해당 음절 앞에 각각 [ˈ]와 [ˌ]로 표시하기도 한다. 예: *Japan*[ʤəpǽn] 또는 [ʤəˈpæn], *Japanese*[ʤæpəníːz] 또는 [ˌʤæpəˈniːz], *pronunciation* [prənʌnsɪéɪʃən] 또는 [prəˌnʌnsɪˈeɪʃən] 등으로. 영어가 잘 알려진 강세언어인데 강세의 위치로 품사를 구별하기도 하고, 명사구와 복합명사를 구별하기도 한다. 예:

(7.3)

| 명사 | 동사/형용사 |
|------|-------------|
| ˈimport '수입' | imˈport '수입하다' |
| ˈpermit '허가' | perˈmit '허가하다' |
| ˈconvert '개종자' | conˈvert '개종하다' |
| ˈconvict '죄수' | conˈvict '유죄선고하다' |
| ˈeunuch [ˈjuːnək] '환관' | uˈnique [juˈniːk] '독특한' |

| 명사구 | 복합명사 |
|--------|----------|
| white ˈhouse '흰 집' | ˈWhite House '백악관' |
| green ˈhouse '녹색 집' | ˈgreenhouse '온실' |
| black ˈboard '검은 판자' | ˈblackboard '칠판' |
| short ˈhand '짧은 손' | ˈshorthand '속기' |
| red ˈcoat '빨간 코트' | ˈRedcoat '영국군인' |

또 복합명사도 강세의 패턴에 따라 의미가 달라진다. 다음은 잘 알려진 예이다.

(7.4)

**black**board eraser '칠판 지우개' : black **board**eraser '검은 판자지우개'
**light**house keeper '등대지기' : light **house**keeper '잔일하는 가정부'
American history teacher '미국역사 선생'
: American **his**tory teacher '미국인 역사선생'

강도를 네 층(level)으로 나누어 위 복합어를 표기한다면 *lighthouse keeper*는 [1-3-2-4]가 될 것이고, *light housekeeper*는 [2-1-3-4]가 될 것이다. 1이 최강세이고 2가 부강세이며 4는 무강세이다 (Chomsky & Halle 1968:15ff).

다른 언어에도 강세의 위치로 인한 대립이 있다. 다음 예는 Ashby & Maidment(2006:160, Table 10.8)에서 추린 것이다.

(7.5)

|  | 초음절 강세 | 말음절 강세 |
|---|---|---|
| Albanian: | ['atə] 'rather' | [a'tə] 'him, her' |
| Italian: | ['portɔ] 'I carry' | [por'tɔ] 'he/she carried' |
| Russian: | ['uʒe] 'narrower' | [u'ʒe] 'already' |
| Spanish: | ['entre] 'between' | [en'tre] 'I entered' |

저자에게 대학시절에 이런 일이 있었다. 어느 날 미국에서 온 Fred Lukoff 방문교수와 대담을 하고 있었다. 저자가 어느 문장에서 "*identify*"라는 단어를 썼는데 Lukoff 교수가 못 알아듣고 자꾸만 "what?"이라고 물어보는 것이었다. 그래서 저자의 발음이 꽤나 나쁜가보다 라고 생각하고 "I-D-E-N-T-I-F-Y"라고 철자를 주었더니, "*Oh, ay-DEN-ti-fay!*" 하는

것이었다. 그제서야 저자가 강세를 둘째 음절 *-den*-에 두지 않고 첫 음절 *i*-에 두어서 Lukoff 교수가 못 알아들었음을 깨닫게 되었다! (마침 첫 음절 이 *i*-이라서 이를 주어 "*I*'로 듣고 후행하는 단어가 동사인 줄로 기대했다가 "*dentify*'라는 단어가 영어에 없으니까 인식이 어려웠을 수도 있었겠구나 라는 생각이 나중에 들었다... 약자의 변이다!)

강세의 표출이 언제나 음량으로만 되는 것은 아니다. 어느 때는 음계 (pitch)로 어느 때는 음장으로, 둘이나 셋이 공모하여 일어난다. 주로 음계로 강세음절이 표출될 때 이를 **피치 악센트**(pitch accent)라고 부른다. 일본어가 피치 악센트의 좋은 예인데 (cf. McCawley 1968, 1977), *hana* '꽃'과 *hana* '코'는 분절적으로는 동음이의어이지만, 전자에는 첫음절 *ha*에, 후자에는 둘째 음절 *na*에 강세(피치 악센트)가 있다. *kaki* '굴 oyster'와 *kaki* '감(柿)'도 같은 식의 악센트 차이로 구분된다.

또 Bolinger(1958)는 영어와 같은 강세언어에서도, 강세가 반드시 음량으로만 표출되는 것은 아니며, 주위 음절로부터의 피치의 요동(搖動), 즉 피치의 가파른 오름이나 내림으로 표현될 수도 있다고 하였다. 예를 들면, *remarkable* '현저한'에는 둘째 음절 *-mar*-에, *wonderful* '놀라운'에는 첫음절 *won*-에 강세가 있다. 물론 이 음절들의 음량을 높여서 강세를 나타낼수도 있지만, 강세음절이나 강세음절 전후의 피치(음계)를 급격히 올리거나 내림으로써, 즉 피치의 "절벽"(cliff)을 이룸으로써 강세를 표출할 수도 있다는 것이다. Bolinger는 이를 **피치요동**(搖動 pitch perturbation)이라고 불렀다.

한 **억양절**(intonational phrase, tonic group이라고도 한다)에서 가장 뛰어난 (prominent) 강세를 **억양핵모음강세**(nuclear stress) 또는 **문장강세**(sentential stress)라고 하고, 이 강세를 지닌 음절을 **억양음절**(tonic syllable)이라고 한다.

## 7.3. 음계(音階 Pitch)

음조 - 음계의 고저 - 의 언어에서의 역할은 둘로 나뉜다. 한 단어나 음절이 음조의 고저의 변화로 단어의 의미의 변화가 초래될 때 이를 **성조**(聲調 tone)라고 하고, 문장이나 구절이 음조의 고저의 변화로 문장의 의미에 변화가 초래될 때, 이를 **억양**(抑揚 또는 **어조**(語調 intonation)라고 한다. 이를 좀 더 자세히 보자.

### 7.3.1. 성조(Tone)

성조는 음절이나 단어 단위의 음계 변화가 의미의 변화를 초래하는 현상이다. 우리에게 가장 잘 알려진 예가 중국어(Mandarin - 베이징어)의 성조이다. 예:

(7.6)

| 제1성 | 陰平聲 | 평고조<br>(平高調) | [ ― ] | ma(媽) | '엄마' | fu(夫) | '남편' |
|---|---|---|---|---|---|---|---|
| 제2성 | 陽平聲 | 상승조<br>(上昇調) | [ ╯ ] | ma(麻) | '삼' | fu(扶) | '돕다' |
| 제3성 | 上聲 | 요면조<br>(凹面調) | [ ∪ ] | ma(馬) | '말' | fu(腐) | '썩다' |
| 제4성 | 去聲 | 하강조<br>(下降調) | [ ╮ ] | ma(罵) | '꾸짖다' | fu(父) | '아비' |

그러니까 ma의 성조를 잘 못 발음하면 '말(馬)을 탔다'가 윤리위원회의 징계를 받을 수도 있고, 我沒有筆 [wo mei jou bi]는 'I don't have a pen' (내게 펜이 없다)라는 뜻인데, 筆[bi]의 성조를 잘 못 발음하면 鼻[bi]가 되어 '난 코가 없다'가 된다!

중국어의 다른 방언들은 성조 수가 이보다 더 많다. Ladefoged (2006:258)

에 광동어(Cantonese)에서의 아홉 성조(!)의 예가 있다. 다음은 Yoruba어(아프리카 Nigeria)의 예인데, 고(高 High), 중(中 mid), 저(低 low)의 세 성조가 있다.

(7.7)

| 요루바어 | | o | wa |
|---|---|---|---|
| | 고조 | '그이' | '왔다' |
| | 중조 | '너' | '떨었다' |
| | 저조 | 접두사 '인(人)' | '있다' |

또 [ɔkɔ]는 두 음절의 성조의 차이에 따라 다음과 같이 어사의 의미도 달라진다. ('는 고조, `는 저조 표시이고, 중조에는 아무 표시가 없다.)

(7.8)

ɔkɔ̀  '배(舟)'
ɔkɔ́  '호미'
ɔkɔ  '남편'
ɔkɔ̀  '창(槍)'

타이어(Thai)에선 고, 중, 저, 상승(rise), 하강(fall)의 다섯 성조가 있다.

(7.9)

| Thai어의 성조 | 고(high) | naa '이모, 고모' | kʰa: '장사하다' |
|---|---|---|---|
| | 중(mid) | naa '들' | kʰa: '풀(草)' |
| | 저(low) | naa '별명' | kʰa: '뿌리줄기' |
| | 하강(fall) | naa '얼굴' | kʰa: '노예' |
| | 상승(rise) | naa '두꺼운' | kʰa: '다리(足)' |

국어에서도 중세에는 성조가 있었던 듯, 훈민정음은 이른바 방점(傍點, side dot)으로 이를 표기하였다.

(7.10)

평성(平聲) = 저조　무점.　**활**
거성(去聲) = 고조　한 점. **·칼**
상성(上聲) = 상승조 두 점. **:돌**

현대국어에선 경상 방언과 함경 방언에 성조가 남아있다고 한다. 다음은 김진우(2017:83)에서 따온 것이다.

(7.11)

가라라 '(밭을) 갈아라', '(남자친구를) 바꿔라'
가라라 '(칼을) 갈아라', '(창문을) 가려라'

마리 만테이 '수다스럽다'
마리 만테이 '말(馬)이 많다'

뿌라가꼬 삼천궁녀지 택도 아니다
　　　'불려서(과장해서) 삼천궁녀이지 어림도 없다'
다리문디 **뿌**라가꼬 뭉기삐라 '다리몽뎅이 부러뜨려서 뭉개버려라'

여기서 성조의 종류와 명칭에 대해서 잠시 알아보자. 우선 요루바(Yoruba)어의 성조(고성, 중성, 저성)와 중국어의 제1성(제1성 陰平聲, 평고조(平高調)과 중세국어의 평성(=고성) 및 거성(=저성)은 한 성조역(聲調域 tone range) 안에서 평행을 유지한다. 그러나 중국어의 제2-4성, 타이어의 하강성(fall)과 상승성(rise), 및 중세국어의 상성은 음계가 고정되어있지 않고 움직인다. 전자는 정적이고 후자는 동적이다. 전자를 register tone(평행 혹은 음전(音栓)성조)이라고 하고, 후자를 contour tone(윤곽성조)이라고 한다. (중국 율시(律詩)에서 제1,2성을 평성(平聲 even tone), 제3,4성을 측성(仄聲 oblique tone)이라고 하는데 그렇게 불러도 될 듯하다. (7.4항 운율(韻律 rhythm) 참조)

한 성조가 인접성조의 영향으로 성조의 모습이 변할 때가 있다. 이런 현상을 tone sandhi(성조연성(連聲))라고 한다. 예를 들면 중국어에서 제3성(上聲=요면조 凹面調) 앞에 또 3성이 오면 이 상성은 제2성(陽平聲=상승조(上昇調))으로 변한다. 예: [hao3 len3] 'very cold' → [hao2 len3].

어느 아프리카 언어에서는 저성조(low tone) 뒤에 오는 고성조(high tone)가 선행한 고성조보다 음계가 약간 내려간다. 예를 들면 Urhobo어(Nigeria)에서 /odibo/(HLH) 'banana'는 [HL!H] [ ¯ __ ─ ]로 나타난다. 그래서 5음절로 된 문장의 기저형 성조가 /H(L)HLHH/라면((L)은 생략된 모음의 저성조) H의 음계(피치)가 그 전의 H보다 약간 내려가게 되어 실제 성조의 윤곽은 다음과 같다.

(7.12)

```
        H (L)  !H   L   !H    H
    ┌    ¯            ¯        ─    ─    ┐
    │        (─)          __             │
    └                                    ┘
        i       go  ku  gbir  wo   'money and work'
```

이때 H만을 이어보면 마치 계단(테라스 terrace) 같은 모양이 나온다. 그래서 William E. Welmers 교수(저자의 UCLA시절의 아프리카언어학 교수)는 이를 terraced tone(계단성조)이라고 불렀는데(Welmers 1959), 요

즘엔 downstep tone(하단성조)이라고 부른다. 이렇게 downstep된 고성조
는 !H 로 표시한다.

　　Downstep 성조어에서 저성조(low tone)는 고정된 음계를 지닌다. 그런
데 어떤 성조어에서는 저성조도 고성조처럼 내려가기도 한다. Nigeria의
Etsako어에 있는 이런 현상을 downdrift(성조표류)라고 한다. 그리하여 HL
이 연속되는 다음절어에서 하단성조가 표류하면 다음과 같이 나타날 것이
다. 그러면 마지막 H의 피치는 맨 처음의 L보다 피치가 더 낮을 수도 있다!

　　(7.13)

　　　　H L H L H L H L H

　　　　$\left[\begin{array}{c}\rule{4mm}{0.4pt}\ \rule{4mm}{0.4pt}\ \rule{4mm}{0.4pt}\ \rule{4mm}{0.4pt}\ \rule{4mm}{0.4pt}\end{array}\right]$

　　이 성조 항을 맺기 전에 성조의 표시에 대하여 잠시 언급하자.

　　요루바어 성조와 같이 평행성조 고(H) 중(M) 저(L)만 있을 때는 H는
[´](acute accent)로, L는 [`](grave accent)로, M는 무표로 표시할 수 있다.
또 중국어나 타이어에서의 상승조와 하강조는 문자로는 각각 LH와 HL로,
accent 부호로는 [ˇ](caron 또는 inverted circumflex accent)와
[^](circumflex accent)로 표시할 수도 있다. 그러나 [ˇ]는 LH의 상승조를
가리킬 수도 있지만 중국어의 제3성인 상성(요면조(凹面調))을 가리킬 수
도 있다. 또 상승조라 하더라도 저에서 고까지, 저에서 중까지, 중에서 고
까지 등 여러 가지 윤곽이 있을 수 있고, 마찬가지로 하강조도 고에서 저,
고에서 중, 중에서 저 등 여러 가지 가능성이 있을 수 있다.

　　그리하여, 숫자나, 악센트 부호나, 문자로 성조를 표시하는 것보다, 음
계(피치)의 영역을 다섯 층(L, half-L, M, half-H, H)으로 나누고, L를 1,
half-L를 2, M을 3, half-H를 4, H를 5로 수치(數值 numerical value)를

부여한 다음, 성조의 윤곽을 선으로 그려 넣는다. 그러면 중국어의 성조는 다음과 같이 표시된다.

(7.14)

| 제1성 | 陰平聲 | 평고조<br>(平高調) | [ ─ ] | 55 | ma(媽) | '엄마' |
|-------|--------|-------------------|-------|----|--------|--------|
| 제2성 | 陽平聲 | 상승조<br>(上昇調) | [ ╱ ] | 35 | ma(麻) | '삼' |
| 제3성 | 上聲   | 요면조<br>(凹面調) | [ ∪ ] | 214 | ma(馬) | '말' |
| 제4성 | 去聲   | 하강조<br>(下降調) | [ ╲ ] | 51 | ma(罵) | '꾸짖다' |

위에서 볼 수 있듯 제2성인 상승조는 중(Mid)에서 고(High)로 올라갈 뿐이며, 제3성은 half-L에서 L로 내려갔다가 half-H로 올라가는 "오목"성조이다. 이것을 악센트 부호나 문자부호로 표시하는 것이 어려움을 알 수 있다.

비교적 최근에 autosegmental phonology(자립음운론)이 대두되면서 성조의 기술을 분절음(segment)과 분리해서 하자는 이론이 제기되었다. 이 이론에선 성조가 한 분절음에 내재된 것이 아니며, 자립된 성조소가 분절음과 연계되는 것이고, 또 표면형의 모든 contour tone(윤곽(輪郭)성조)는 기저층의 register tone(평행(平行)성조)의 연합으로 이루어진다는 것이다. 간단한 예를 들면, 상승조(rise)와 하강조(fall)는 다음과 같이 표시된다 (상세한 것은 Goldsmith 1990, Yip 2002 참조).

(7.15)

성조층(tone tier):　　　　L　　H　　　H　　　L

분절음층(segment tier):　　　ma　　　　　ma
　　　　　　　　　　　　　(상승조)　　　(하강조)

### 7.3.2. 어조(語調 intonation, 억양 抑揚)

"**점심 먹었어**"하는 문장은 '점심을 먹었다'는 서술문일 수도 있고, '점심을 먹었느냐'는 의문문일 수도 있다. 영어에서도 "Ready?"('준비 됐어?')는 의문문이고 "Ready."('준비 됐어.')는 서술문이다. 문장에서는 의문부호 " ? "와 종지부 " . "로 그 차이를 나타낼 수 있다. 그러나 구어(口語)에선 문장 끝에서 서술문의 경우에는 억양이 내려가고, 의문문의 경우에는 억양이 올라간다. 한편 올라가지도 않고 내려가지도 않는 평평한 억양은 미완(未完)을 의미하며 주로 종속절(從屬節 dependant clause)이나 미완결문(non-final sentence)에 쓰인다. 예를 들면 "**나는 '점심을 먹었어'라는 그의 말에 놀랐다**"라는 문장에서 "**나는 그의 말에 놀랐다**"는 주절(主節)이고 "**점심을 먹었어**"는 종속절이다. 이때 "**점심을 먹었어**"의 억양은 (직접인용이 아닐 경우) 수평적이다.

재미있는 것은 이러한 현상이 언어 보편적이라는 사실이다. 즉 어느 언어를 막론하고 서술문의 억양은 내려가고, 이른바 **가부의문문**(可否疑問文 yes-no question)의 억양은 올라가며, 종속절이나 미완결문의 억양은 대체로 수평한데 약간 올라갈 수도 있다.

(7.16)

Whenever I saw a rainbow, my heart leapt.
'무지개를 볼 때마다 가슴이 뛰었다'
My heart leapt, whenever I saw a rainbow.

위 문장에서 첫 구의 억양은 평평하거나 약간 올라가고 문장 끝에서는 내려간다. 둘째 문장에서 My heart leapt는 주절임에도 불구하고 미완결문이므로 평평한 억양을 띤다.

영어를 비롯한 많은 서구 언어의 경우, 가부의문문은 조동사를 빌리거나 주어와 조동사의 위치를 전복하는 통사론적 수단이 있다.

(7.17)

"He is a student." '걔 학생이야.'
"Is he a student?" '걔 학생이야?'

"She goes to Yonsei." '걔 연세대 다녀.'
"Does she go to Yonsei?" '걔 연세대 다녀?'

그러나 위와 같은 통사론적 방법이 있음에도 불구하고, 서술문의 어순으로 억양만 올림으로써, 의문문임을 나타낼 수 있다.

(7.18)

"He is a student?" '학생이라구?'
"She goes to Yonsei?" '연세대 다닌다구?'

어느 언어에선 통사적으로 의문문을 만들 방법이 없어서 억양만으로 의문문임을 나타낸다. 다음은 Swahili어(Kenya, Tanzania)의 예이다.

(7.19)

"Anataka ndizi." '걔 바나나 좋아해.' (서술문)
"Anataka ndizi?" '걔 바나나 좋아해?' (의문문)
(a '걔', na '현재', taka '좋아하다', ndizi '바나나')

언어에서의 억양의 역할이 이렇게 간단한 것은 아니다. 내포문, 삽입구, 강조, 감탄, 무관심, 조롱, 경멸 등의 경우, 억양이 다르게 나타나서 청자는 억양만으로 화자의 의도와 태도를 알아차릴 수 있다. 이것을 여기서 다 논할 수는 없고, 저자가 좋아하는 Halliday(1967, 1970)의 intonation model("좋아"의 목적어!)을 아래에 소개한다. Halliday는 위의 세 억양의 윤곽(contour) 외에 상승-하강 및 하강-상승이 이은 다음 다섯 가지 억양윤곽이 언어 보편적이라고 말하면서 "*yes*"가 문장을 대표한다고 할 때, 다음과 같은 의미를 나타낸다고 한다.

(7.20) Halliday의 억양 모델

|  | 어조패턴 | 의미 |
|---|---|---|
| 1 | 하강 | 완성 '그래요.' |
| 2 | 상승 | 의문 '그래요?' |
| 3 | 평행 | 미완 '글쎄요...' |
| 4 | 상승-하강 | 강조 '그럼요!' |
| 5 | 하강-상승 | 의심 '그래도...' |

윤곽 4는 의문(상승)을 단언(하강)으로 받아치는 의문의 여지가 조금도 없는 강조이며 (예를 들면 여자친구의 결혼 프로포즈를 10년 기다린 남자의 대답), 윤곽 5는 긍정(하강)에 의문(상승)이 따르는 의구심을 나타낸다는 것이다 (예: '하신 말씀이 맞는 것 같습니다만, 좀 믿기 힘드네요.')

국어의 억양에 관해 더 상세한 것은 이호영(1996) 제9장, Jun Sun-Ah (전선아 2018), Kang Ongmi(강옥미 1993) 등을 참조하라.

억양을 어떻게 표시할까? 노래나 가사 없는 멜로디는 오선지 악보에 음계와 음장을 박자에 맞춰 정확하게 표기함으로써 표시할 수 있다. 그러나 언어는 음악이 아니다. 그렇다고 한 문장이 처음부터 끝까지 한 음계로 발성되는 것도 아니다. 이러한 문장은 초기의 컴퓨터 합성문이었을 뿐, 자연어에는 음계의 기복이 많다. 이것을 어떻게 표시하면 좋을까?

한 방법은 성조표시에서 성조의 기복을 거의 여실하게 선으로 묘사했듯, 억양의 윤곽도 여실하게, 스펙트로그래프(spectrograph)나 다른 실험 기구에서 추출된 대로 기술하는 것이다. 이런 기술은 다음과 같은 모양을 가질 것이다. (Ladefoged & Johnson 2015:127에서 따옴)

(7.21)

We know the new mayor. (신임 시장을 안다) (중립)

We know the *new* mayor. (신임 시장을 안다) (*new*를 강조할 때)

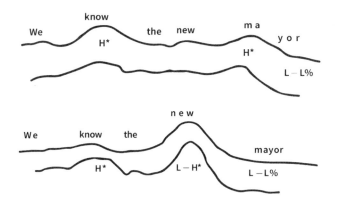

각 문장 안의 두 억양 윤곽(intonation contour)에서 윗것은 영국식 발음, 아랫것은 미국식 발음이다. (H*, L% 등의 표기에 관한 설명은 (7.24) 참조) 이른바 sentence stress(문장강세, tonic syllable이라고도 한다)가 중립문에서는 *mayor*에 있는데(대체로 sentence stress는 문장 끝의 주요 품사어에 있다), *new*를 강조할 때는 문장의 강세가 이 어휘로 옮아옴을 볼

수 있다. 그러나 이런 기술은 어색하고 번거롭다고 하지 않을 수 없다.

한 재래식 기술방법은 tadpole method('올챙이방식')라고 해서 핵음절을 굵은 원으로(=올챙이 머리), 이 음절에서의 어조는 곡선으로, 비핵음절은 작은 원으로 그리는 방식이다. 이호영(1995)이 국어의 억양을 이 방식으로 표시했는데, 다음에 예를 하나 든다 (222쪽).

(7.22) "올챙이" 방식의 억양표시

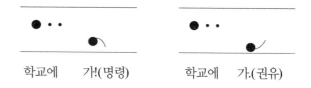

또 한 방법은 위에서 보았듯 성조(tone)를 5단계로, 강세는 4단계로 나누어 기술할 수 있는 것처럼, 억양도 억양의 기복(커브 curve)을 5단계로(성조가 낮은 것부터 1부터 5까지) 설정하고, 억양의 곡선을 이에 따라 기술하는 것이다. 예를 들어 (7.21)의 문장을 첫 문장(중립)은 3-5-3-4-1, 둘째 문장(new 강조)은 3-3-2-5-1식으로. 이와는 대조적으로 가부의문문(yes-no question)에선 억양의 끝이 5로 상승할 것이다 (Ladefoged & Johnson 2015:129에서 따옴).

(7.23)

Will you mail me my money? '내 돈 송금할거야?'
  2  2     3    2  3    4  5

그러나 이런 것은 그림이지 기술이 아니다. 어떤 현상의 과학적 기술은 그 현상을 지배하고 창출하는 매개변수(parameter)를 찾아내고, 이 매개변수의 어떤 작용(operation)으로부터 어떤 현상이 유래되는가를 예측하는 것이다.

통칭 ToBI(토비)라고 불리는 억양의 기술방법이 근래에 제안되었다 (Pierrehumbert 1987, Ladefoged & Johnson 2015:126-138). ToBI란 Tone and Break Index의 약자로, Tone(여기선 tonic syllable=sentence stress를 지칭함)과 Boundary tone(구절경계)으로 억양의 커브를 기술할 수 있다는 것이다. 이를 간략하게 소개하면 다음과 같다.

(7.24)

ToBI의 매개변수

H*(H star): 목표 고조(stress)

L*(L star): 목표 저조(stress)

H: L*에 후행하는 H, 즉 L* + H

L: H*에 선행하는 L, 즉 L + H*

H-(H minus): Nuclear pitch accent 다음에 오는 H

L-(L minus): Nuclear pitch accent 다음에 오는 L

H%: H로 끝나는 경계 tone (즉 상승조)

L%: L로 끝나는 경계 tone (즉 하강조)

이런 ToBI로 앞에 든 문장들의 억양을 표시하면 다음과 같다(*ibid.* 137).

(7.25)

We know the new mayor.    ((=7.21) 중립)

　　H*　　　　H*L-L%

We know the **new**　　mayor.   (=(7.21) new 강조)

　　H*　　　L+H*　　L-L%

Will you mail me my money?   (=7.23)

　　　　H*　　　L*H-H%


Break Index(경계지표)는 구문 간의 경계를 표시하는데, 대체로 다음과 같다.


(7.26)

　　0 - 경계 없음

　　1 - 어사(word) 경계

　　2 - 구(phrase) 경계

　　3 - 절(clause) 경계

　　4 - 문장(sentence) 경계


그러나 1:1의 절대적 관계가 있는 것은 아니다. 짧은 전치사(예: *in, at, to*)는 후행하는 명사와 0 BI이며, 한 문장 안에서도 두 구(phrase) 사이에 BI 3이나 4가 있을 수 있다.


## 7.4. 운율(리듬 Rhythm)

언어에서도 음악에서도 리듬이 큰 역할을 한다. 언어에서의 리듬은 음악에서의 리듬만큼 필수적이고 광범위한 역할을 하진 않지만, 간과할 수 없는 꽤 중요한 요소이다.

리듬은 무엇이며 어떻게 창출되는가? 리듬이란 위 7.1~7.3절에서 본 초분절소(음장, 음량, 음계)의 기복(起伏)이 음절단위로 주기적으로 반복되는 현상을 일컫는다. 그러니까 한 언어의 운율(리듬)은 시(詩)에서든 산문에서든 그 언어에 있는 초분절소로 규정된다. 그래서 강세(stress)를 가진 언어는 리듬이 강세의 기복의 주기적 반복으로 규정될 것이며, 음장의 구별이 있는 언어는 음장 장단의 규칙적 반복으로 리듬이 규정되며, 성조(tone) 언어는 성조의 주기성으로 리듬이 규정될 것이다. 강세 리듬의 대표적인 예가 영시(英詩)이고, 음장에 의한 리듬의 대표적인 예는 고대 라틴어의 새터니언(Saturnian)이라고 불리는 운율이고, 성조에 의한 리듬의 대표적인 예는 중국어의 율시(律詩)이다.[5]

예를 하나씩 들어보자. 리듬은 산문에서보다는 시에서 더 현저하게 나타나므로 우선 시의 리듬을 예로 들겠다. 다음은 영시의 예이다.

(7.27)

> Thĕ cúr|fĕw tólls | thĕ knéll | ŏf párt|lĭng dáy,
> Thĕ lów|lĭng hérd | wĭnd slów|lў ó'er | thĕ léa.
> Thĕ plóugh|măn hóme|wărd plóds | hĭs wéar|ў wáy,
> Ănd leáves | thĕ wórld | tŏ dárk|nĕss ànd | tŏ mé.

Thomas Gray (1716-1771)

'저녁종이 저무는 날의 고별을 고하고
음매애 우는 소떼가 풀밭을 기어간다.
농부는 누리를 어둠과 내게 맡기고
지친 발걸음을 뚜벅이며 집으로 간다.'

*Elegy wirtten in a country churchyard*(1751) '시골 교회 묘지에서 쓴 애가

---

5   다음은 저자의 『언어 3』, 330-335쪽에서 많이 따왔다.

(哀歌)'라는 시의 첫 연(聯 stanza)이다. 강약의 주기적인 반복으로 시의 리듬이 구성되어 있음을 볼 수 있다. 위에서 [ ′ ]는 주강세(主强勢)를, [˘]는 무강세(無强勢)를, [ ` ]는 부강세(副强勢)를 나타내며, [|]는 리듬의 한 기복(주기)의 경계를 표시한 것인데 이를 음보(音步 foot), 또는 운각(韻脚)이라고 한다. 위의 시에서 한 음보는 약강(˘ ′)으로 구성되어 있으며, 한 시행(詩行 line)은 다섯 음보로 구성되어 있음을 볼 수 있다. 시에서 규정하는 리듬을 율격(律格 metre)이라 하므로, 위 시의 율격을 약강격 5음보(iambic pentameter)라고 한다. 영어 서정시에서 가장 많이 즐겨 쓰는 운율이다. (서사시에는 강약격(强弱格 trochee)이 더 자주 쓰이고, 음보의 제한이 없는 약강격은 무운시(無韻詩 blank verse)라고 한다. Shakespeare의 희곡이 무운시로 많이 쓰였다.)

다음은 음장(音長 length)으로 리듬이 규정되는 고대 라틴시의 예이다. [¯](macron)는 장음 표시부호이다

(7.28)
Spārgēns | ūmida | mēlla so|pōrife | rūmque pa|pāvēr
'눅눅히 흐르는 꿀과 졸음을 주는 양귀비꽃'
Vergil (70-19 B.C.): Aeneid IV, 486

장단단(長短短)(¯ ˘ ˘)의 운율인데, 처음과 마지막 음보에서 장장(長長)(¯ ¯)이 장단단을 대신하고 있음을 볼 수 있다. (시조(時調)에서도 강강의 두 음절이 보통 세 음절의 한 구(句)를 대신할 때가 있다. 예: "일도(一到) 창해(滄海)하면 다시오기 어려워라" - 黃眞伊)

중국의 율시(律詩 Regulated Verse)는 8행(行)으로 구성되며, 이것이 전

4행과 후 4행으로 나뉘는데, 한 행이 5음절인 오행시(五行詩)와 7음절인 칠행시(七行詩)의 두 가지가 있다. 중국어가 성조어인 만큼 율시의 리듬은 다음과 같이 성조의 규칙적 교체로 규정된다.

위 7.3.1.에서 표준중국어에 성조가 넷 있음을 보았거니와 (이를 상기해 보면, 제1성=음평성, 제2성=양평성, 제3성=상성, 제4성=거성), 운율을 위해서는 제1,2성과 제3,4성의 두 성조형(型)으로 나누어, 전자(제1,2성)를 평성(平聲 even tone), 후자(제3,4성)를 측성(仄聲 oblique tone)이라고 한다. 율시의 리듬은 평성과 측성의 다음과 같은 교체에서 유래된다. 후 4행 (5행에서 8행까지)은 전 4행의 반복이므로 전 4행의 성조만을 표시하는데 −가 평성을, x가 측성을 가리킨다. (아래 도표에서 모든 −와 x를 맞바꾸어도 된다.)

(7.29) 율시의 성조 구조

|  | 1 | 2 | 3 | 4 | 5 | 6 | 7 |
|---|---|---|---|---|---|---|---|
| 제1행 | x | x | − | − | − | x | x |
| 제2행 | − | − | x | x | x | − | − |
| 제3행 | − | − | x | x | − | − | x |
| 제4행 | x | x | − | − | x | x | − |

이러한 운율구조는 다음과 같이 분석될 수 있다. (1) 한 행은 두 음절 단위의 4음보로 구성되는데, 제1,2(및 제5,6)행에서는 제5음절이 단음절로 독립된 음보를 이루고, 제3,4(및 제7,8)행에서는 제7음절이 단음절로 독립된 음보를 이룬다. (2) 한 음보에 속하는 음절들은 같은 성조형(평성 혹은 측성)을 띠어야만 한다. (3) 전 반행(hemistich)인 제1음보(1,2음절)와 제2음보(3,4음절)는 반대의 성조형을 띠어야 하며, 마찬가지로 후반행의 제3음보(1,2행에서는 5음절, 3,4행에서는 5,6음절)와 제4음보(1,2행에

서는 6,7음절, 3,4행에서는 7음절)도 상반되는 성조형을 띠어야 한다.

다음 예는 당대의 시인 Li Shangyin(李商隱, 813-858)의 「無題」(무제)라는 율시에서의 전반 4행이다.

(7.30) 「無題」

| 相 | 見 | 時 | 難 | 別 | 亦 | 難 |
|-----|------|-------|------|-----|------|-----|
| xiǎng | jiàn | shí | nán | bié | yì | nán |
| 東 | 風 | 無 | 力 | 百 | 花 | 殘 |
| dōng | fēng | wù | lì | bǎi | huā | cán |
| 春 | 蠶 | 到 | 死 | 絲 | 方 | 盡 |
| chūn | cán | dào | sǐ | sī | fāng | jìn |
| 蠟 | 炬 | 成 | 灰 | 淚 | 始 | 乾 |
| là | jù | chéng | huī | lèi | shǐ | gān |

'서로 만나기도 어렵고 헤어지기도 어려워라.
동풍은 힘이 없고 온갖 꽃은 시드는구나.
봄철의 누에가 죽음에 이르러서야 방사(紡絲)를 마치듯
내 촛불도 재가 될 때까지 눈물을 흘리리라.'

국어에서의 운율은 어떻게 생성될까? 국어에는 강세도 성조도 없고 음장의 변별적 기능도 뚜렷하지 않다. 그리하여 이것도 그것도 저것도 아닌 국어와 같은 경우는(프랑스어, 일본어도 여기 속한다) 음보를 이루는 음절수의 규칙적인 반복과 행과 행 사이의 대조에서 운율을 창조하고 모색하는 듯하다. 이것이 이른바 **자수율**(字數律)이다. 예를 들면 국어의 가사(歌辭)는 일행이 4음절씩 네 음보로 구성되며, 평시조(平時調)의 정형(定型)은 다음과 같은 형식을 갖는다. (숫자는 음절수를 나타내며, 국문학에서의 전통을 따라, 행, 음보 대신 장(章), 구(句)로 썼다.)

(7.31) 시조의 구조

| 구분 | 제1구 | 제2구 | 제3구 | 제4구 |
|------|-------|-------|-------|-------|
| 제1장 | 3 | 4 | 4 | 4 |
| 제2장 | 3 | 4 | 4 | 4 |
| 제3장 | 3 | 5 | 4 | 3 |

음절수에 약간의 변화가 있을 수는 있으나, 위에서처럼 각 장(행)이 4구(음보), 15음절로 구성되며, 단조로움을 깨뜨리는 변형이 제3장 제2구에 옴을 볼 수 있다. 다음의 예는 위의 틀에 꼭 들어맞는 것으로 우리가 잘 아는 시조이다. 숫자는 구의 음절수를 나타낸다.

(7.32)

동창이(3) 밝았느냐(4) 노고지리(4) 우지진다(4)

소치는(3) 아이들은(4) 상기아니(4) 일었느냐(4)

재너머(3) 사래긴밭을(5) 언제갈려(4) 하는니(3)

남구만(南九萬, 1629-1711)

가사(歌辭), 민요, 판소리의 율문(律文)에도 3.4조, 4.4조가 압도적으로 많다.

(7.33)

흐르밤 서리기의 기러기 우러녤제

危樓에 혼자올나 水晶겸 거든말이

東山의 돌이자고 南極의 별이뵈니

님이신가 반기니 눈물이 절로난다

정철(鄭澈, 1536-1593) 「思美人曲」(1588)

언어에서 운율은 시문에 현저히 나타나기 때문에, 리듬을 시, 가사, 시조 등에서 예시하였다. 그렇다고 산문이나 구어에 리듬이 없는 것은 아니다.

구어도 리듬을 지향한다. 우선 강세언어에서 강세가 인접 음절에 연거푸 오는 법이 없으며, 한 음절씩 건너서 온다. 예를 들면 영어의 다음절 어휘에서 부강세는 주강세에서 두 음절 떨어진 곳에 있다. 예: ˌar-ti-fi-ci-ˈa-li-ty '인공성', ˌdif-fe-ˌren-ti-ˈa-tion '차별', ˌcos-mo-ˌpo-li-ˈta-nism '세계주의'.

다음 사항은 Jones(1962)에 의한 것이다.

'열(10)'을 뜻하는 어간 -teen은 그 앞에 수사(數詞)가 올 때 강세를 유지한다. thirˈteen '13', fourˈteen '14' 식으로. 또 어간에 접두사나 접미사가 붙을 때도 어간이 강세를 유지한다. 예: unˈknown '무명의, 알려지지 않은', ˈlove-ly '사랑스러운'. 다른 어휘와 결합해서 구를 이룰 때도 이것은 변하지 않는다.

(7.34)

　　ˈjust fourˈteen '겨우 열넷'
　　ˈquite unˈknown '전혀 무명의'

그런데 다음의 구에선 강세의 위치가 바뀐다.

(7.35)

　　ˈfourteen ˈshillings '14 실링'
　　an ˈunknown ˈsoldier '무명용사'

그 이유는 이렇다. just fourˈteen과 quite unˈknown에서는 강세가 강-약-강으로 리듬을 지킨다. 그러나 fourteen ˈshillings와 an unˈknown ˈsoldier에서는 어휘의 기저 강세대로 하면 (약)-약-강-강-약이 된다. 이것은 비운율적(unrhythmical)이다. 그래서 -teen의 강세가 앞의 four-로, 어간 -known

의 강세가 접두사 *un-*으로 옮아가는 것이라고 Jones는 역설한다. Jones는 이런 현상을 rhythmic stress shift(운율적 강세전위)라고 불렀다. Ladefoged & Johnson(2015:126)은 "it is as if there were conspiracy in English to maintain a regular rhythm."('마치 규칙적인 리듬을 유지하려는 공모성이 영어에 있는 것처럼')이라고 언급하고 있다.

국어에도 비슷한 현상이 있다. 국어는 이른바 하박(下拍 downbeat)의 언어로, 격조사(格助詞), 후치사(後置詞), 활용어미(活用語尾) 등이 체언(體言, 명사나 동사) 뒤에 온다. 그래서 늘 첫 음절이 강하고 둘째 음절이 약하며, 복합어나 다음절어에서는 홀수음절이 짝수음절보다 강하다. 어휘적으로 장음인 대(大), 세(世), 병(病) 등이 어두에서는 장음을 유지하지만 (예: 대:학, 세:상, 병:원), 제2음절에서는 장음을 잃는 것이 원칙이다 (예: 연대(延大), 말세(末世), 폐병(肺病) 등). 그러나 셋째 음절에서는 음장이 재생될 수가 있다 (예: 연세대:학교, 현대세:계, 종합병:원).

2002년 한국에서의 월드컵 때, 빨간 티셔쓰를 입은 "붉은 악마들"(Red Devils)은 한국팀을 응원하면서, "대--한민-국"이라고 외쳤다. 실상 "대한민국"에서의 키워드(keyword, 중심어)는 대가 아니라 한이다. Korea는 한국(韓國)이지 대국이 아니기 때문이다. 그럼에도 불구하고 "대한—민국" 하지 않고 "대--한민-국"이라고 외친 것은 국어의 운율형이 전자를 용납하지 않기 때문이다. (한과 민은 연음되는데, 민과 국 사이에는 약간의 휴지(休止)가 있는 듯하다. 강-약-강-약의 리듬을 지키기 위해서일 것이다.)

이 리듬 항을 마치기 전에 한 가지만 더 언급해야겠다. 이른바 강세박자언어(stress-timed language)와 음절박자언어(syllable-timed language)의 구별이다. 그 차이는 다음과 같다. 영어 같은 강세언어에서는 문장을 발음할 때 주강세(main stress)와 주강세 사이의 시간적 간격이 같도록 하는 추세가 있다는 것이고, 국어나 일본어, 프랑스어 같은 비강세언어에서는 음절의 길이를 같게 하는 추세가 있다는 것이다. 예를 들면, 영어문장 *This is the house that Jack built* '이게 잭이 지은 집이다'에는 강세가 *this*, *house*, *Jack*, 및 *built*에 있는데, 강세와 강세 사이의 시간이 같아진다는 것이다. 그런데 문장을 보면 *this*와 *house* 사이에는 무강세어가 둘 (*is*, *the*) 있고, *house*와 *Jack* 사이에는 무강세어가 하나 (*that*) 있으며, *Jack* 과 *built* 사이에는 단어가 하나도 없다. 그럼에도 불구하고 강세 간의 시간 간격은 같다는 것이다. (손바닥으로 같은 간격으로 탁자를 치면서 위 문장을 받음해 보면 알 수 있을 것이다.) 실례로 *John can't have forgotten Sally's birthday*('존이 샐리의 생일을 잊었을 리가 없어')라는 영어문장의 길이를 재본 결과 각 음보의 음장이 약 500msec(0.5초)임이 드러났다 (Ashby & Maidment 2005:161, Table 10.9). 위 문장에서 강세가 *John*, *can't*, *-got-*, *Sal-*, 및 *birth-* 에 있는데, *John*과 *can't* 사이에는 개재 음절이 하나도 없고, *-got*와 *Sal-* 및 *Sal*과 *birth* 사이엔 무강세 음절이 하나씩 있으며, *can't*와 *-got-* 사이엔 두 음절이나 있다. 그럼에도 두 강세 사이의 길이가 비슷했다는 것이다. 한편 비강세언어에서는 각 음절이 차지하는 시간이 비슷하다. 그래서 비강세어 화자가 강세어를 습득할 경우, 모국어의 영향을 받아서 강세어의 모든 음절을 같은 음장으로 발음하면 낱낱의 발음이 정확하다 하더라도 습득어의 유창성이 떨어진다는 것이다.

언어의 이 두 리듬 형식의 이러한 구별이 그럴듯하고 편리한 것이라 하더라도, 이것은 실재 현상을 너무 단순화한 것일 듯하다. 강세언어에선 강세적 리듬을, 비강세언어에선 음절적 리듬을 선호하는 추세가 있는 것은 사실이겠지만, 반드시 그런 것은 아니며, 또 어떤 언어는 전혀 다른 리듬을 창출할 수도 있기 때문이다. 학문에서 일반화는 신중히 해야 할 것이다.

## 연습문제 (4)

1. 국어에서 "누가 왔어?"에는 두 의미가 있다. 하나는 'Who came?'(온 사람이 누구야?)이고 다른 하나는 'Did someone come?'(어떤 사람이 왔어?)이다. 이 둘을 구별하는 어조(intonation)는 어떻게 다른가?

2. 다음의 음절형판에 맞는 단어(철자로가 아니라 발음으로)를 국어와 영어에서 하나씩 들라. 해당이 안 되는 경우는 x로 표시하라.

|  | 국어 | 영어 |
|---|---|---|
| V |  |  |
| CV |  |  |
| VC |  |  |
| CVC |  |  |
| VCC |  |  |
| CCV |  |  |
| CVCC |  |  |
| CCVC |  |  |
| CCVCC |  |  |

3. 두운(頭韻 alliteration)은 시행(詩行)과 산문에서 많이 쓰인다. "Light of my life, my sin, my soul"(Nabokov *Lolita* 1955), "**매**아미 **맵**다울고 **쓰**르라미 **쓰**다우니"(李廷蓋 『歌曲源流』 1876)가 좋은 예이다. 일반 언어에서도 슬로건, 로고, 표어 등에 두운이 자주 쓰인다. 일상에서의 두운의 예들을 찾아보라. 창작도 좋다.

4. 다음 두 영어 문장에서 *clarinet*의 주강세(main stress)의 위치가 바뀐다. 어떻게 바뀌나? 왜 바뀌나?

  a. He played a clarinet solo. '클라리넷 독주곡을 연주했다'
  b. He plays the clarinet. '클라리넷을 분다'

5. 다음 영어 문장에는 억양에 따라 두 의미가 있다. 어떤 억양으로 두 의미를 구별할 수 있을까?

  a. She played and I sang the national anthem.
    '그녀가 국가를 연주하고 내가 불렀다'
    '그녀는 놀았고 나는 국가를 불렀다'
  b. He didn't leave because he was afraid.
    '그는 두려워서 떠나지 않았다'
    '그가 떠나지 않은 것은 두려워서가 아니었다'
  c. Those who spoke quickly got an angry response.
    '빨리 말한 사람들이 성난 반응을 얻었다'
    '말한 사람들은 성난 반응을 바로 얻었다'

6. 다음 어휘는 Papua New Guinea의 Manam어인데, 강세가 끝음절에 올 때도 있고 둘째 음절에 올 때도 있다. 변수가 무엇인가?

| | | | |
|---|---|---|---|
| [aˈlanga] | 'reef' | [ˈmotu] | 'island' |
| [boaˈzinga] | 'hole' | [waˈrige] | 'rope' |
| [malaˈbon] | 'fox' | [uˈzem] | 'I chewed' |
| [ataˈbala] | 'up' | [moaˈrepi] | 'rice' |
| [sinaˈbaʔ] | 'bush' | [uraˈpun] | 'I waited' |

7. 언어 X에서 $C_1C_2VC_3C_4$의 어형은 다음과 같은 제약을 받는다.

a. $C_1$은 저해음(obstruent)이어야만 한다.
b. $C_2$는 공명음(sonorant)이어야만 한다.
c. $C_3$가 공명음이면 $C_4$는 저해음이다.
d. $C_3$가 저해음이면 파열음이어야만 하고, $C_4$는 마찰음이다.
e. $C_3$가 비자음(nasal)이면 $C_4$는 동위(homorganic) 자음이다.

다음 어휘는 X어의 가능한 단어인가? 불가능한 단어는 그 이유를 밝히라.

|  |  |  |  |
|---|---|---|---|
| [slamb] | [flant] | [gwalm] | [spats] |
| [kjang] | [blams] | [ljals] | [zkalt] |
| [kramd] | [dlaps] | [snand] | [kraft] |

8. "나는 준호와 친구인 순호를 만났다"라는 문장은 중의적이다. 왜 중의적인가? 억양을 어떻게 해야 이 구별된 의미를 유도할 수 있을까? (이호영 1996:219 참조)

9. Netherland의 화가 Vincent van Gogh(1853-1890)는 그의 정신 상태를 의심하는 친구 Paul Gauguin에게 보낸 편지에, "*Je suis saint d'esprit; Je suis sain d'esprit.*"(I'm in a saintly spirit; I'm of a sane mind.)라고 썼다. 프랑스어에서 *saint*과 *sain*은 동음 [sɛ̃]이다. 이 문구의 미를 살려 한국어로 번역해보라.

10. 다음은 영어의 야구(baseball) 용어를 일본에서 외래어로 표기한 것들이다. 일본어에는 모음이 다섯(/i, e, a, o, u/) 밖에 없고, /l/이 없으며, 음절구조가 CV(자음-모음)이어서 외래어 전사에 제한을 받는다. 원형이 무엇인가 밝히라. (예: besuboru = *baseball*)

| | |
|---|---|
| era | auto |
| besu rain | wairudo pichi |
| banto | fauru boru |
| batta | herumetto |
| homuran | fain purey |
| kochi | sukoa bodo |
| senta | pinchi ranna |

음성학적 정의

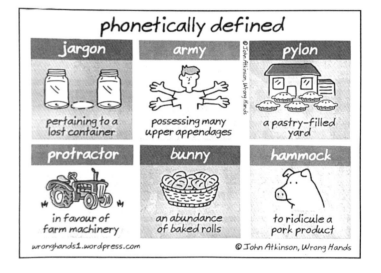

jargon: 원의: '통속어' (풀이: jar gone '사라진 단지')
army: 원의: '육군' (풀이: arm-y '팔이 많은' (cf. cloud-y, snow-y))
pylon: 원의: '철탑, 교탑' (풀이: pie lawn '파이로 가득 찬 마당')
protractor: 원의: '질질 끄는 사람' (풀이: pro-tractor '농기구(트랙터) 선호')
bunny: 원의: '토끼'(애칭) (cf. Easter Bunny) (풀이: bun-ny '빵 많은')
hammock: 원의: '달아맨 그물 침대' (풀이: ham mock '돼지고기 조롱')

# III부 음향음성학

　화자의 조음이 청자에게 전달되어야 통신이 이루어진다. 그런데 이 전달은 악수나 입맞춤 또는 포옹 같은 직접 전달이 아니다. 악수는 두 사람이 직접 손을 잡음으로서 손의 따뜻함이나 손잡이의 강도로 어떤 의미 전달이 가능하며, 키스나 포옹도 두 사람의 직접 접촉으로 감정이나 의사를 전할 수 있다. 그러나 화자의 발성은 이렇게 청자에게 직접 전달되지 않는다. 그렇다고 청자가 X-선의 시력으로 화자의 조음기관의 움직임을 꿰뚫어 볼 수 있는 것도 아니다. 청각장애인의 이른바 입술읽기(lip reading, 시화 視話, 독순술 讀脣術)는 그 규모나 효력이 꽤 제한되어 있다.

　주지하듯 화자의 조음은 청자의 귀에 전달되어 화자가 한 말을 듣는다. (청자의 귀는 이를 다시 뇌파로 변형시켜 이 뇌파를 청자의 두뇌에 보내면 청자가 이를 바르게 해독해서 통신이 이루어진다. 주위의 소음이나 부주의나 다른 요인으로 해독을 잘 못하면 오해가 생긴다. 좀 더 자세한 것은 다음 IV부 청각음성학에서 다룬다.) 화자의 입에서 청자의 귀까지의 전달도 어떤 전선이나 연결선을 통해서 이루어지는 것이 아니고, 공기를 통해서 이루어진다. 그렇다고 화자 주위의 공기가 청자의 귀로 직접 이동해서 화자의 조음을 전달해 주는 것도 아니다. 공기의 이동은 바람이다. 이동 속도에 따라 미풍(breeze), 질풍(gale), 태풍(typhoon), 폭풍(hurricane) 등으로 나뉜다. 그러나 조음의 전달은 바람이 아니다.

해수면(sea level)의 대기에서 15°C 일때 1cm$^3$ 당 2.5x10$^{19}$개의 공기 분자(air particles)가 있다. 평상시 이 분자들은 균형을 유지하고 있다가, 누가 손뼉을 치거나 기침을 하거나, 피아노를 치거나, 대포가 터지거나 하면 균형이 깨지면서 소리의 근원에 인접한 분자들이 요동하게 된다. 이 요동이 옆의 분자에게 전달되고, 이 분자는 또 바로 옆의 분자에게 자기가 받은 요동을 전달하고... 이렇게 해서 소리가 전파된다. 승객이 콩나물처럼 가득 찬 버스를 상상해보자. 맨 앞의 어느 사람이 뒤에 있는 사람을 갑자기 밀쳤다고 하자. 그러면 이 밀친 사람은 그 뒷사람을 밀고, 이 뒷사람은 그 뒷사람을 밀게 될 것이다. 그래서 처음 밀침의 강도가 약하면 그 요동은 뒤 몇 사람에게만 전달되겠지만, 밀치기가 강하면 버스의 맨 뒤까지고 전달될 수 있을 것이다. 소리의 전달은 이런 식으로 공기 분자의 동요의 전달로 이루어진다. 이 분자의 요동(진동)이 청자의 고막(鼓膜 ear-drum)에 도달해서 청자가 듣는다. 그러니까 숲에서 나무가 쓰러졌을 때 소리가 있었느냐 없었느냐 하는 질문에 대한 대답은 간단하다. 나무가 쓰러지면서 주위의 공기 분자에 동요가 분명히 있었다. 그런데 이 동요를 받아 느끼는 귀(고막)가 없었다면 소리는 없다.

화자의 조음(발성)이 입주위의 공기 분자를 진동시키고 이 진동이 청자의 고막에 도착할 때까지의 분자의 동요 상태를 연구하는 음성학분야를 음향음성학(音響音聲學 acoustic phonetics)이라고 한다. 음향음성학은 1940년대 초반 제2차 세계대전 때 대 잠수함 용 수중 음파 탐지기의 발명과 더불어 발달하였다. (*sonar*라는 단어 자체가 **s**ound **na**vigation **r**anging에서 유래된 두자어(頭字語)이다.) 이 장에서 소리 특히 말소리의 음향적 자질과 특성을 살펴보고자 한다.

# 8장 일반음향학(General acoustics)

위에서 소리의 진행을 만원인 버스 안에서 누가 갑자기 민 동작의 전파로 비유하였는데 이것은 좀 투박한 비유였다. 우선 사람들은 몸집이 있는 고체로서 한번 움칫했다가 바로 제자리로 돌아오지만, 공기 분자는 진동의 동작을 얼마간 계속한다. 그래서 더 적절한 비유는 그네나 시계추이다.

서있는 그네나 추를 한번 밀면 추는 밀린 쪽으로 갔다가 제자리로 다시 돌아와선 거기서 멈추지 않고 반대방향으로 갔다가, 다시 제자리로 돌아오고, 여기를 또 지나쳐서 밀린 쪽으로 가고... 이렇게 갔다왔다하는 반복을 중력(gravity)으로 추가 멈출 때까지 지속한다. 사실 그네의 전위(轉位 displacement)의 진폭이 매번 조금씩 줄어들면서 결국은 멈춘다.

만약 이 진폭의 감소를 무시하면, 즉 중력의 영향을 무시하면 그네(추)는 갔다왔다하는 동작을 영구적으로 반복할 것이다. 이때 시계추에 연필을 꽂고, 추 뒤에 종이(두루마리)를 깐 다음, 일정한 속도로 이 종이를 아래로 잡아당긴다고 가정하자. 그리고 시계추가 한번 왔다갔다 하는 시간이 백분의 1초라고 하자. 그러면 추에 꽂힌 연필은 다음과 같은 도표를 그릴 것이다. (아래 도표는 이 수직적 도표를 90도 왼 쪽으로 돌려서 수평적 도표로 바꾼 것이다.)

(8.1) 100Hz 단순파(sine wave)

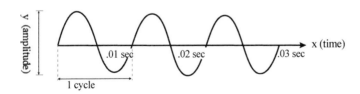

이 도표는 수학의 삼각법(trigonometry)에서 sine함수로 유도할 수 있기 때문에, 사인파(sine wave, sinusoidal wave)라고 한다. 또 단순파(simple wave)라고도 한다. 이러한 음파에서 두세 가지 엿볼 것이 있다.

첫째로 주기(週期 cycle - 추의 한 순환, 즉 원위치에서 갔다 와서 반대쪽으로 갔다가 다시 원위치까지 오는 시간)가 짧을수록 일정한 단위의 시간 안에서의 반복(순환)의 수가 많을 것이며, 길수록 적을 것이다. 그래서 순환의 속도를 주기의 시간 단위로 표시할 수 있게 된다. 즉 어느 특정한 시간 단위, 예를 들어 초(秒 second) 당 몇 번이나 순환하느냐 하는 것으로 추의 속도를 표현할 수 있게 된다. 이를 주파수(frequency)라고 한다. 처음엔 cycles per second (약자로 cps)로 표시했었는데, 요즘엔 cps 대신, 독일의 물리학자 Heinrich Rudolf Hertz(1857-1894)의 성을 약기한 **Hz**를 쓴다. 그러니까 100Hz는 1초에 주기가 100번 있는 소리를 표시한다. 저성(bass) 남자가 성대를 울릴 때 이 주기로 진동한다. 피아노에서 가운데 도(Do)음계(Middle C) 위의 라(La, Middle A)의 주파수는 서양음악의 평균율음계(平均律音階 Well-tempered scale)에서 440Hz로 규정되어있다. 소리굽쇠(음차 音叉 tuning fork)의 주파수도 440Hz이다. 그래서 피아노 조율사나 관현악단이 조율할 때는 이 음계로 시작한다. 주파수가 클수록 피치가 높고 주파수가 적을수록 피치가 낮다.

둘째로 위 음파의 도표에서 x-축은 시간(time)이고 y-축은 전위(轉位 displacement)의 폭인데, 그네를 더 세게 밀수록 전위가 더 높게 나타날 것이다. 이를 진폭(振幅 amplitude)이라고 하는데, 소리에선 그 크기(loudness, intensity)를 나타낸다. 단위는 전화기를 발명한 Alexander Graham Bell(1847-1922)을 기리기 위해 dB(=decibel)로 표시하는데, 참고로 보통 회화는 50-60dB이고, 속삭임은 그 반이고, 록(rock)음악은 그 두 배이다 (그런데 dB 스케일은 대수적(對數的 logarithmic)이기 때문에, 두 배의 dB 수치는 실제로는 열 배의 소리의 크기를 나타낸다).

셋째로 진폭은 주파수와는 무관하다. 추나 그네를 어떤 힘으로 밀든 그 주기는 같다. 피아노 건반을 세게 친다고 해서 피치가 올라가지는 않는다.

항간에서 단순파만으로 된 소리는 흔치 않다. 튜닝포크, 호각, 사이렌 등이 고작이다. 대부분의 소리들의 음파는 **복합파**(complex wave)이다. 복합파는 다음과 같이 예시할 수 있다.

주파수가 100Hz, 200Hz, 및 300Hz인 세 단순파(A, B, C)를 포갠다고 해보자 (진폭은 임의적으로 A > C > B라고 하자). 여기서 어떤 음파가 나올까? 그네의 비유로 돌아가 보면, 같은 그네를 같은 방향으로 a라는 사람은 x의 힘으로 밀고, b라는 사람은 x보다 조금 적은 y의 힘으로, 그리고 c라는 사람은 y보다 조금 적은 z의 힘으로 그네를 민다고 상상해보자. 그러면 그네는 어떻게 움직일까?

세 사람이 힘을 모은 지점에서는 그네의 전위의 위치가 x+y+z인 곳일 것이고, a와 c는 힘을 합친 지점에서 b는 반대방향으로 그네를 밀면 그 지점에서의 그네의 전위의 위치는 x+z-y일 것이다. 구체적으로 단순파 셋 (A=100Hz, B=200Hz, C=300Hz)이 다음 그림이 보여주는 대로 각기의 진폭으로 진동한다고 하자.

(8.2) 세 단순파 A(100Hz), B(200Hz), C(300Hz)

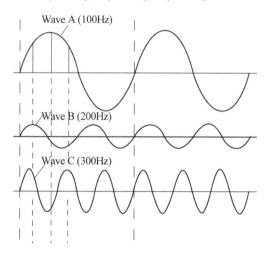

이 세 단순파의 진폭을 가감하면 다음 복합파(complex wave)가 생성된다.

(8.3) (8.2)의 복합파

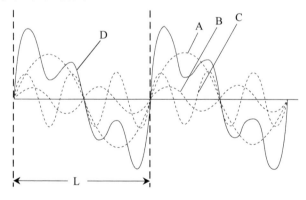

위 그림에서 진한 실선(복합파 D)은 단순파 A, B, C를 합한 결과이다. 여러 sine wave(단순파)로 이루어진 음파라고 해서 이러한 음파를 **복합파**

(複合波 complex wave)라고 한다. 그리고 복합파를 이루고 있는 단순파들을 성분파(成分波 component waves)라고 한다. 여기에도 유의할 점이 두엇 있다.

첫째는 복합파의 주파수(위 (8.3)에서 100Hz)는 주파수가 가장 낮은 성분파의 주파수(100Hz)와 같다는 것이다. 이 성분파의 주파수를 기본주파수(基本周波數 fundamental frequency)라고 한다.

둘째, 성분파의 주파수는 기본주파수의 정수(定數 whole number)로 배수(倍數 multiples)라는 사실이다. 이런 자질의 성분파를 배음(倍音 harmonics) 또는 상음(上音 overtones)이라고 한다. (성분파를 셀 때는 배음인 경우는 기본주파수가 첫 배음, 나머지가 둘째, 셋째 배음인데, 상음인 경우에는 둘째 배음이 첫째 상음, 셋째 배음이 둘째 상음이다.) 배음 관계에 있는 주파수(배이거나 절반)를 옥타브(octave) 관계에 있다고 한다.

복합파를 위의 그림과 같이 표시할 수도 있지만, 더 간단명료하게 다음과 같이 표시할 수도 있다. 선(線 line)으로 복합파를 표시해서 선 스펙트럼(line spectrum)이라고 부른다.

(8.4) (8.2)의 선 스펙트럼

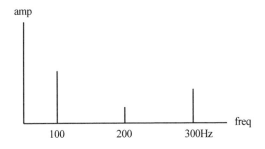

위의 복합파는 성분파의 주파수가 정수 배수(옥타브 octave)관계에 있는 것이었다. 만약 성분파의 주파수가 배수 관계에 있지 않고 서로 근사한 주파수의 성분파라면 그 복합파는 어떻게 될까? 예를 들어 성분파가 90Hz, 100Hz, 및 110Hz이라면 이들의 복합파는 어떤 모양을 띨까? 다음이 그 결과이다.

(8.5) 성분파 90Hz, 100Hz, 110Hz의 복합파

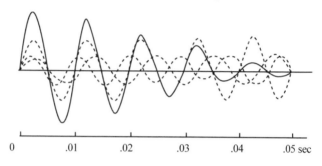

그림 (8.3)과 비교해볼 때 위의 경우에는 진폭이 감소되고 있음을 볼수 있다. 진폭의 감속을 감쇠(減衰 댐핑 damping)라고 부른다. 흥미 있는것은 성분파의 주파수가 더 가까울수록 더 가속적인 감쇠가 일어난다는사실이다. 예를 들면 성분파의 주파수가 90Hz, 91Hz, 92Hz, 93Hz ...110Hz까지 열한 개라면 그 복합파의 감쇠의 경사가 급감한다. 사실 한번났다가 사라져버리는 소음은 일정 주파수 영역에서 무한한 성분파로 이루어져서 감쇠가 극치에 이른 소리이다. 이제 위에 열거한 스물한 개의 복합파(90Hz, 91Hz ... 110Hz)의 선 스펙트럼을 그려보면 다음과 같다.

(8.6) 90Hz-110Hz의 선 스펙트럼(1Hz 간격)

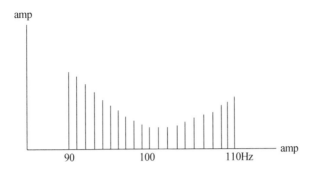

여기서 끝나지 않고 두 성분파마다의 사이에 0.1Hz씩 떨어진 성분파(즉 90.1Hz, 90.2Hz ... 90.8Hz, 90.9Hz, 91.0Hz)를 더 그려 넣을 수 있을까? 연필을 더 가늘게 깎고 그려 넣어보면 다음과 비슷한 선 스펙트럼을 얻을 수도 있을 것이다.

(8.7) 90Hz-110Hz의 선 스펙트럼(0.1Hz 간격)

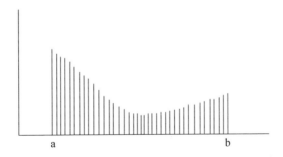

그러나 더 이상은 거의 불가능할 것이다. 그래서 이럴 때는 진폭의 정상만을 이은 "지붕"의 윤곽선만으로 선 스펙트럼을 대신한다. 즉 이 지붕 밑의 모든 주파수에 성분파가 있다고 해석하는 것이다. 선 스펙트럼과 구별하기 위하여 이런 "지붕" 스펙트럼을 **포진(布陣) 스펙트럼**(envelop spectrum), 또는 **연속 스펙트럼**(continuous spectrum), 때로는 그냥 **스펙트럼**이라고 한다.

(8.8) (8.7)의 "지붕" 스펙트럼

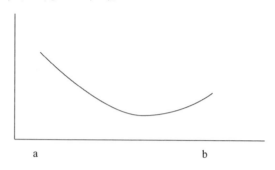

　　성분파의 주파수가 배수(옥타브) 관계인 그림 (8.3)과 같은 복합파와 바로 위의 그림 (8.8)과 같은 복합파의 음향적 차이가 실제 음성으로는 어떻게 나타날까? 우리가 소리의 종류를 **낭음(朗吟 melody)**과 **소음(騷音 noise)**으로 나눈다면, 낭음은 전자의 음향적 자질을 가지고 있고, 소음은 후자의 음향적 자질을 가지고 있다. 즉 낭음은 성분파의 주파수가 배수(옥타브)의 관계를 주기적으로 반복함에 비하여, 소음은 성분파가 일정한 주파수 안에서 무한하게 많으며 그 주파수가 서로 근사하고 주기적인 반복이 없다. 이런 소음을 **백색 소음**(white noise)이라고 한다. 색 스펙트럼(color spectrum)에서 흰색은 모든 파장의 색이 반사된 색이라서 그렇게 부르게 되었다.

　　언어음향학(speech acoustics)으로 넘어가기 전에 두세 가지 더 언급할 현상이 있다.

　　첫째, 모든 물체는 타격하면 그 물체에 내재한(고유한) 주파수로 진동하게 되어있다. 이를 **자연공명주파수**(natural resonance frequency)라고 한다. 이 주파수는 물체의 사이즈, 밀도, 재료 등이 변수로 작용한다. 유리를 두드릴 때 나는 소리와 나무를 두드릴 때 나는 소리가 다른 것은 이 때문이다. 일반적으로 밀도가 높으면 주파수가 높고, 낮으면 주파수도 낮으며, 사이즈가 크면 주파수가 낮고 작으면 높다 (튜바와 트럼펫, 베이스 첼로와 바이올린, 긴 오르간 파이프와 짧은 오르간 파이프 등을 비교해보라).

둘째, 어느 소음도 단순파(simple wave)의 조합으로 이루어져 있다. 이 원리, 즉 소음의 복합파를 구성하는 성분파(component wave)가 단순파의 조합이라는 사실을 발견한 사람은 프랑스의 수학자 Joseph Fourier(1768-1830)이어서 이 현상을 **푸리에 원리**(Fourier Theorem)이라고 부른다.

셋째, 복합파의 성분파가 언제나 보조를 맞추어 진동하지는 않는다는 사실이다. 즉 모든 성분파가 같은 방향으로 진동할 수도 있고, 어느 성분파는 반대 방향으로 진동할 수도 있다는 말이다. 그네의 비유를 다시 들자면, 여러 사람이 같은 방향으로 힘을 모아 밀 수도 있고, 어느 사람은 역방향으로 밀 수도 있다. 이런 현상을 **상차**(相差 phase difference)라고 한다. 극단적인 경우를 한 예로 들자면, 주기(frequency)와 진폭(amplitude)이 똑같은 두 단순파가 180도의 상차로 진동하면 그 결과는 묵음(黙音 silence)일 것이다. 두 사람이 그네를 같은 힘으로 반대 방향으로 밀면 그네가 움직이지 않는 것과 같은 현상이다.

# 9장 언어음향학(Speech acoustics)

　기초적인 일반음향학의 자질을 위에서 보았으니, 이제 언어음향학을 살펴보자. 모음음향학을 먼저 보고, 자음음향학을 보도록 한다.

## 9.1. 모음음향학(Vowel acoustics)

　무성자음 사이에서 강세가 없는 모음이 무성음화되는 경우는 있지만 (예: *suppose*[sə̥poʊz], *potato*[pə̥teɪtoʊ]), 모든 모음은 유성음이다. 즉 성대의 진동을 동반한다. 성대의 진동은 성인 남자의 경우 대략 150-200Hz, 여자의 경우는 약 두 배되는 300-400Hz이다. 그런데 단 한 번의 진동을 격리시켜보면, 한 쌍의 성대가 진동하는 것을 두 손으로 손뼉을 치는 것이나, 두 나무토막으로 "딱"하고 치는 것으로 비유할 수 있다. 성대는 손뼉이나 나무토막 같은 딱딱한 고체는 아니지만, 고체임은 분명하다. 목관악기(오보에, 클라리넷, 바순)의 리드(reed)가 가장 가까운 비유가 아닐까 생각한다. 입김을 불면 리드가 진동하듯, 허파에서의 기류가 성대를 진동시킨다. 그런데 한 번의 진동은 한 번의 손뼉치기나 한 번의 나무토막 치기처럼 소음이다. 관중의 박수나, 방범수의 딱딱 소리나, 엿장수의 가위질 소리는 옆에서 직접 들을 수 있다. 그러나 두 성대가 마주치는 "딱" 소리는 원래의 모습대로 들을 수가 없다. 왜냐하면 성대의 진동소리는 늘 구강(때로는 비강)을 거쳐 나오면서 변질되기 때문이다. (18세기 말, 프랑스 혁명 때, 단두대의 칼이 죄수의 목을 자르는 순간 그가 비명을 질렀다면, 바로 옆에 서있던 사람은 구강으로 변색되지 않은 순수한 성대의 진동소리를 들을 수 있었을 것이다!)

　악기와의 비유를 연장하면, 트럼펫과 파이프오르간은 관(pipe)의 길이의 조정으로 피치를 조정하며, 목관악기는 악기 자체의 길이는 변치 않지만, 악기에 있는 여러 구멍(영어에선 이를 *stop*이라고 한다)을 여닫으면서 진동관의 길이와 피치를 조정한다.

　이제 우리의 발성기관을 성대가 리드(reed)인 목관악기로 보자. 가장 중립적인 모음 즉 중설중모음(mid central vowel) [ə]을 발성할 때의 조음기관의 모습은 다음과 같다. [ə]조음 때의 구강의 형상을 이상화하면, 즉 연구개에서의 90도에 가까운 굽이를 직선으로 펴면 다음과 같은 관(管 tube)를 얻는다.

　(9.1) 도식화한 [ə]의 공명관

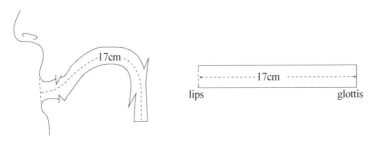

　입술에서 성대까지의 길이는 어른 남자의 경우 약 17cm이다. 길이가 17cm인 피리나 파이프오르간의 리드를 진동시키면 어떤 소리가 여기에서 나올까? 이때의 주파수는 다음 공식으로 산출할 수 있다.

　(9.2)
　　　　　$f = (2n - 1) \ v/4L$

　　　　　　　(f=frequency 주파수, v=velocity of sound 음속, L=관의 길이)

　v(음속)는 1초당 약 340m이고, L은 17㎝이므로 이 수치를 위 공식에 삽입하면 n이 1일 때 다음 수치를 얻는다.

(9.3)

$$f = (2x1 - 1)\ 340m/4x17cm = 34,000cm/68cm = 500$$

n이 2이면 2x2-1=3이니까, f=3x500=1500Hz, n이 3이면 2x3-1=5, 그래서 5x500=2500Hz이다. 다시 말하면, 조음기관이 목관과 가장 비슷한 위치, 즉 [ə]를 발음할 때의 자연공명주파수(natural resonance frequency)는 500Hz에서 비롯해서 1000Hz마다의 배음(倍音 harmonics)에서 **공명봉**(共鳴峰 resonance peak)을 이루게 된다. 다시 말하면 "딱" 소리 같은 소음을 17cm 길이의 공명관에 넣으면 거기서 나오는 소리는 소음이 지니고 있는 모든 주파수 중에서 500Hz, 1500Hz, 2500Hz ... 의 주파수를 증강시킨다는 것이다. 이 공명봉을 **포만트**(formant)라고 부른다. 주파수가 낮은 것부터 Formant 1, Formant 2, Formant 3... 등으로 불린다.

공명관의 길이와 형상이 바뀜에 따라, 이 관에서 나오는 음향 스펙트럼이 달라질 것임은 쉬 짐작할 수 있다. 모음의 음향적 자질을 살펴볼 때, 조음관이 앞 공명관(구강 oral cavity)과 뒤 공명관(인강 pharyngeal cavity)의 두 공명관으로 구성되어 있다고 봄이 편리하다. 그리하여 모음 [i]는 앞 공명관이 좁고 작으며 뒤 공명관은 넓고 크고, 모음 [ɑ]는 반대로 앞 공명관이 넓고 크며 뒤 공명관은 좁고 작다. 모음 [u]는 두 공명관을 잇는 곳(연구개 velum)에 병목이 있는 동시에 원순(lip rounding)을 수반한다. 다음 그림은 이 세 모음의 조음 형태와, 이를 이상화한 공명관의 그림과, 이 공명관에서 나오는 포만트를 도식화한 것이다.

(9.4) 도식화한 [i] [ɑ] [u]의 공명관과 포만트

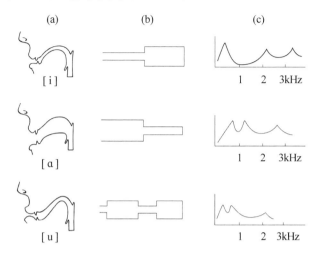

다음은 영어의 여덟 모음의 포만트 주파수이다.

(9.5)

|  | [i] | [ɪ] | [ɛ] | [æ] | [ɑ] | [ɔ] | [ʊ] | [u] |
|---|---|---|---|---|---|---|---|---|
| F1 | 280 | 400 | 550 | 690 | 740 | 590 | 450 | 310 |
| F2 | 2250 | 1920 | 1170 | 1680 | 1100 | 880 | 1030 | 870 |
| F3 | 2890 | 2560 | 2490 | 2540 | 2540 | 2540 | 2380 | 2250 |

여기서 sound spectrography가 무엇인가 잠시 보자. spectrograph의 원의(原義)는 '분광기'(分光器)란 것으로 한자(漢字)가 암시하듯 빛을 쪼개는 기계를 지칭했었다. 즉 광선이 프리즘(prism)을 통과하면 빛의 주파수에 따라서 여러 색(色)으로 나타난다. 무지개는 빗방울이 프리즘 역할을 해서 이루는 자연의 스펙트로그램이다. 같은 원리로 소리를 쪼개서 소리의 주파수, 진폭, 시간 등을 보여주는 기계가 sound spectrograph이다. 초기에는

sonagraph라고 불리기도 했는데 analog 기계였지만 지금은 digital 기계로 음성분석과 음성학 연구에서 가장 많이 쓰이는 실험기이다.

위에 소개한 것은 20세기 중반에 나온 아날로그 스펙트로그래피 (analog spectrography)였다. 지금은 디지털 프로그램(software 소프트웨어)이 여럿 나와있다. 아래에 몇 소프트웨어(software)를 간단히 소개한다.

맨 처음으로 소개할 것이 Praat이다 (http://www.fon.hum.uva.nl/praat/). 재래식 spectrogram뿐만 아니라, 포만트(formant), 피치(pitch, frequency, intonation), 음량(intensity, amplitude) 등을 뽑아낼 수 있다.

또 하나는 Wavesurfer라는 것인데 (http://source.forge.net/projects/wavesurfer/), 이것도 Praat와 비슷한 기능을 가지고 있다.

Audacity라는 software(http://www.audacityteam.org/download/windows/ 에서는 음성 녹음도 하고 녹음된 것을 자르고(cut), 복사하고(copy), 이어 붙이고(splice), 합성(mix)하는 등, 여러 가지 실험 자료를 만들 수 있다.

또 하나는 *A Course in Phonetics*의 공저자인 Keith Johnson의 웹페이지(Web page)인데 (http://youtube.com/use/keithjohnsonberkeley/), 분출음(ejectives), 내파음(implosives), 흡착음(clicks) 등을 비롯한 여러나라의 드문 말소리들을 직접 들어볼 수 있다. 또 성대(vocal folds)의 동영상도 볼 수 있다.

그리고 창설된 지 130년이 넘는 International Phonetic Association(국제음성학회)의 homepage는 http://www.internationalphoneticassociation.org/이다.

Sound spectrography가 산출한 spectrogram의 구성을 살펴보자. 2차원의 지면에 세 변수(주파수, 진폭, 시간)를 기록하려니까 하나가 희생되어야 하는데, 표준형은 x-축(abscissa)이 시간(time)이고, y-축(ordinate)이 주파수(frequency)이며 진폭(intensity)은 상대적인 명암으로만 나타난다. 주파수는 말소리의 음향변수가 8KHz 이내에 있기 때문에 0에서 8KHz까지이다. 아래의 (9.6), (9.11), (9.13)이 전형적인 spectrogram의 보기이다.

본론으로 돌아가서 영어의 8모음의 포만트를 보여주는 스펙트로그램(spectrogram)은 다음과 같다. (Ladefoged & Johnson 2015:206, Fig. 8.5에서 옮김)

(9.6) 영어 8모음의 스펙트로그램

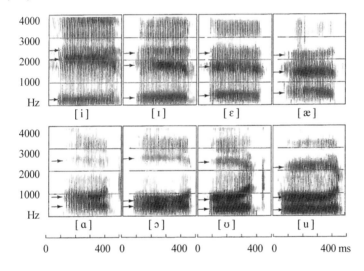

이런 스펙트로그램에서 얻은 포만트 주파수의 수치(표(9.6))를 읽기 쉽게 도식화하면 다음과 같다.

**(9.7)** 도식화한 영어 8모음의 포만트

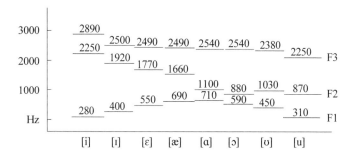

위와 같은 모음의 포만트 구조에서 다음과 같은 추세를 엿볼 수 있다.

1. F1은 [i]에서 [ɑ]로 올라가다가 [ɑ]로부터 [u]로 내려간다.
2. F2는 [i]에서 [u]로 점차로 내려간다.
3. F3는 대체로 2500Hz 근처에 머문다. (단 [i]의 F3는 2500Hz보다 높고, [u]의 F3는 이보다 낮다.)

위의 추세에서 F1은 모음의 고도(vowel height)와 상반된 관계를 가지고 있고, 즉 F1이 낮을수록 고설모음이고 F1이 높을수록 저설모음이고, F2는 모음의 전후설(tongue advancement)과 비례적 상관관계가 있다고, 즉 F2가 높을수록 전설모음이고 F2가 낮을수록 후설모음이라고 생각하기 쉬우나, Ladefoged & Johnson(2015:206)은 F2 - F1의 수치(F2의 주파수에서 F1의 주파수를 뺀 수치)가 모음의 전후와 더 나은 상관성을 보여준다고 하고 있다. 아무튼 음향과 조음 사이에 언제나 1:1의 상관관계가 있는 것은 아님을 유의해야 할 것이다. 같거나 비슷한 음향을 두 다른 조음이 생성할 수도 있기 때문이다. 비슷한 예로, 성문의 하강과 원순은 공명관의 길이를 늘려서 포만트 수치를 낮추는 음향 효과를 나타낸다. 또 영어의 [w](labial-velar)와 [r](retroflex)는 조음이 전혀 다름에도 불구하고 음향 효과는 비슷해서, 아이들의 언어습득 관점에서 둘이 혼동되어 *train*을 [twem]으로 발음하는 사례가 많다.

　포만트의 수치를 도표로 나타내는 것을 Formant chart라고 하는데, 두세 가지 유의할 것이 있다. (1) 3차원의 도표는 불가능하다. 그런데 F3는 모든 모음이 대체로 2500Hz이므로([i]와 [u]는 예외), F3를 제외한 F1 대 F2의 이차원의 도표를 그린다. (2) 조음적 모음도(articulatory vowel chart)와의 상관관계를 보이기 위해 F1/F2의 교차점을 왼쪽 밑으로 두는 대신 오른쪽 위로 두면서 수직선을 F1, 수평선을 F2로 한다. (3) 스케일은 이른바 Bark scale로 한다. (청자가 등거리로 인식하는 피치 스케일이다. 대체로 500Hz 위에서 스케일이 압축된다. 그래서 F2만 저축된다.)

　이러한 세 원리를 이용해서 영어의 8모음을 Formant chart에 삽입하면 다음 (9.8)과 같은 도표를 얻는다.

(9.8) 포만트 차트에 표시한 영어 8모음

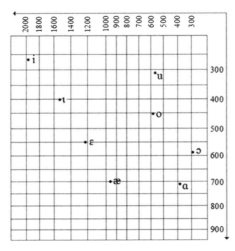

## 9.2. 자음음향학(Consonant acoustics)

위 II.4.2.의 조음음성학의 자음 기술에서 비자음을 맨 나중에 다루었었다. 자음음향학에선 비자음을 제일 먼저 다루자.

비자음은 구강의 어느 지점이 폐쇄되고 연구개(velum)를 내려 허파에서의 기류가 비강(鼻腔 nasal cavity)으로 나가는 자음이다. 이때 비강이 공명관으로 작용하여 마치 모음을 발성할 때와 같은 포만트를 생성한다. 긴 공명관이어서 포만트의 주파수가 낮다 (대체로 250Hz쯤). 이를 비음포만트(nasal formant)라고 부른다. 조음위치가 다른 [m], [n], [ŋ]의 구별은 다음 (9.9)에서 보이듯 구강 길이의 차이에서 나타난다.

(9.9) 도식화한 비자음의 공명관

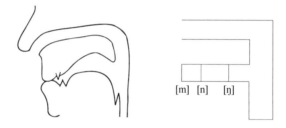

접근음(approximants - 유음, 활음=반모음)도 열려있는 구강이 공명관으로 작용해서 모음과 비슷한 포만트를 생성한다. 사실 모음과 접근음의 구별을 음향학적으로 스펙트로그램에서 구별하기는 힘들다.[6]

다음으로 파열음의 음향학적 자질은 무엇인가? 파열음의 조음은 구강이 완전 폐쇄되어 아무런 음향적 에너지가 새어나오지 않는 침묵(silence)이다.[7] 유성파열음은 성대진동이 있지만 그 에너지가 구강을 통해 발산되

---

[6]  박사학위 구술시험 때 지도교수가 모음과 접근음이 섞인 spectrogram을 읽어보라고 하면서 골탕을 먹일 수 있는 부분이다!

지 않아서 음향적으로는 꽤 미약하다.

어사 중의 침묵을 파열음으로 해석한다 하더라도, 조음위치의 구별([p] : [t] : [k])은 어떻게 하는가? 이는 선행하는 또는 후행하는 모음으로부터의 추이(推移 transition) 현상에서 추출된다.

이를 보기 위해 [ɑpɑ]라는 어형을 어떻게 발음하나 좀 세밀히 보자. 우선 [ɑ]는 저설 모음이고 [p]는 양순파열음이니까, [ɑ]에서 벌렸던 두 입술을 닫고 얼마 뒤에 다시 열어야 한다. 순간적인 빠른 동작이지만 시간이 걸리게 마련이다. 이를 도시하면 다음과 같다.

(9.10) [ɑpɑ] 발성 시의 폐구 단계

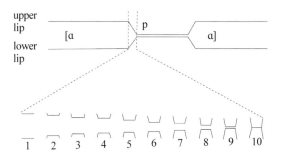

음향학적으로는 [ɑ]의 공명주파수(resonance frequency)에서 [p]의 공명주파수로 갔다가 여기서 다시 [ɑ]의 공명주파수로 돌아가게 되어있다. [p]는 폐쇄기간 동안 침묵이지만 나름대로의 공명주파수는 있다. 공명관의 양쪽이 다 막힌 경우의 자연공명주파수는 위 (9.3)의 공식에서 4L 대신

---

7  파열음이 침묵이란 것은 돌고래(dolphin)도 아는 듯하다. John C. Lily(1915-2001)라는 돌고래 연구가가 돌고래의 지능을 가늠하기 위해, 단음절짜리 영어 단어를 여럿 주고 몇 음절인가 세어보라고 했는데, *caps* [kæps], *cats* [kæts] 같은 단어를 2음절어로 세더라는 것이었다. 어휘 중간에 [p], [t]같은 파열음을 휴지로 보고 [kæps]를 [kæ]와 [s]의 두 토큰으로 본 것이었다. (Lily 1961, 1967 참조)

2L이다. 그러니까 길이가 17cm인 공명관이 앞뒤가 닫혔을 때의 자연공명 주파수 F1은 1000Hz, F2는 3000Hz, F3는 5000Hz라는 얘기이다. [ɑ]의 포만트는 F1=700Hz, F2=1100, F3=2500Hz이니까, [ɑ]에서 [p]로의 포만트 추이는 상승할 것이고, [p]에서 다시 [ɑ]로의 추이는 하강할 것이다. [p]의 가상적인 시발점, 이것을 궤적(軌跡 locus)이라고 한다.

[t]나 [k]의 locus는 [t], [k]를 발성할 때의 공명관 길이나 혓몸 모양이 다르기 때문에 [p]의 locus와는 다를 것이다. 아무튼 파열음의 조음위치의 가상적 공명주파수에서 모음까지의 추이의 패턴이 다르게 나타날 것이다. 간소하게 형식화한다면 모음의 F1은 항상 밑으로 처지고, F2와 F3기 [p]의 경우는 하강하고, [t]의 경우는 상승하고, [k]의 경우는 V자로 합친다. 이 [k]의 locus 현상(F2와 F3의 접합)을 velar pinch(연구개 물기)라고 한다. 아래 (9.11)에 [bɑ], [dɑ], [gɑ]의 spectrogram이 자음의 조음위치에 따른 포만트 추이 모양을 잘 보여주고 있다.

(9.11) [bɑ], [dɑ], [gɑ]의 스펙트로그램 (MacKay 1978:136, Fig. 8.10에 서 따옴)

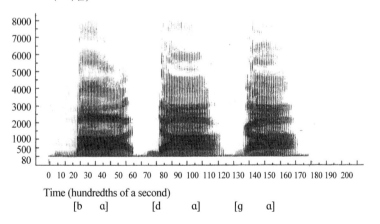

CV일 때, F2와 F3가 [b]의 경우 올라가고, [d]의 경우는 내려가며, [g]의 경우에는 두 포만트가 <형을 이룸을 볼 수 있다. (궤적의 추이형을 도식화한 (9.12) 참조) 같은 현상을 보여주는 *bed* [bɛd], *dead* [dɛd], [gɛg](가상어)의 spectrogram이 Ladefoged and Johnson(2015:209) Fig. 8.7에 있다.

[bab], [dad], [gag]의 spectrogram을 간략하게 도식화해서 다음과 같이 그려보면 조음위치에 따른 궤적(locus)의 모형을 쉽게 볼 수 있다 (Kim 2010:8에서 따옴).

(9.12) 도식화한 [bab], [dad], [gag]의 스펙트로그램

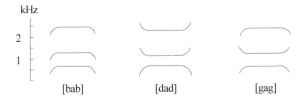

마지막으로 마찰음의 경우는 마찰의 소음이 그 특징이다. 영어의 [f, θ, s, ʃ]의 음향의 모습을 아래 (9.13)의 spectrogram이 보여주고 있다 (Mackay 1978:137, Fig. 8.11에서 따옴).

(9.13) [fɑ], [θɑ], [sɑ], [ʃɑ]의 스펙트로그램

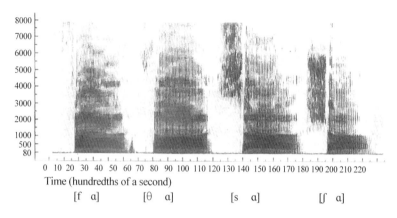

위를 (또 Ladefoged & Johnson(2015:211, Fig. 8.9에 있는 *fie*[faɪ], *thigh*[θaɪ], *sigh*[saɪ]), *shy*[ʃaɪ]의 spectrogram을) 보면 [s, ʃ]는 치찰음(齒擦音 sibilant)이라서 [f, θ]에 비해서 소음의 에너지가 길고 강하다. [s]는 소음의 주파수가 높고(4000H - 8000Hz), [ʃ]는 낮음(2000Hz - 6000Hz)을 볼 수 있다. [f, θ]는 소음의 에너지가 약해서 성능이 좋은 녹음기도 구분을 잘 하지 못한다. London의 Cockney방언에선 구별이 없어져서 *fin*과 *thin*이 동음이의어라고 한다 (Ladefoged & Johnson 2015:211). 그런대로 spectrogram에선 F2가 약간 다르게 나타난다.

위에서 음향음성학을 잠시 훑어보았는데, 이것은 수박의 겉핥기식이란 느낌이 든다. 더 깊고 상세한 음향이론이 있지만 (cf. Johnson 1992, Fujimura & Erickson 1997, Stevens 2000), 이것은 음성학 입문서의 영역 밖이다. (더 전문적인 것은 Johnson 1992, Fujimura & Erickson 1997, Stevens 2000 등을 참고) 다만 언어합성(speech synthesis), 언어인식 (speech recognition), 컴퓨터 테크놀로지(computer technology), 인공지능

(artificial intelligence) 등 현대의 첨단 과학과 기술 분야에서 음향음성학의 역할이 급증하고 있는 만큼, 뜻있는 사람은 음향음성학에 대한 조예를 더 넓혀야 할 것이다. 본서의 목적은 주로 인문학도들을 위한 입문서임을 거듭 밝혀둔다.[8]

현대가구점

상점주인: "이건 악센트 탁자입니다
고객: "그러니 내가 못 알아들은 게 당근이지."
(accent에 '특색장식'이란 의미와 '사투리 어조'란 의미도 있음을 이용한 만화)

---

8  음향음성학의 입문서로는 Ladefoged의 *Elements of Acoustic Phonetics* (2nd ed., University of Chicago Press, 1996)를 추천한다. 초판(1962)에 비해 Resonances of the Vocal Tract, Digital Speech Processing, Fourier Analysis 등 디지털시대에 맞는 여러 장을 추가하였다.

1. 단순파의 주기가 0.01 sec, 10 msec, 0.33 sec, 33 msec일 때 주파수는 얼마인가?

2. 단순파의 주파수가 100Hz, 200Hz 및 500Hz이고, 진폭이 비례적으로 각각 10, 3, 5일 때의 복합파를 그려보라.

3. 어떤 언어(예: Arabic)에는 [k]는 있되 [p]는 없다. 왜 그럴까? 이 사실이 연구개 방출음(velar ejective)이 양순방출음이나 치경방출음보다 드물다는 사실과 관계가 있을까?

4. 많은 언어들(예: 한국어, 독일어, 힌디어)에서 종성(syllable coda)에서보다 초성(syllable onset)에서 파열음이 변별적으로 쓰인다. 왜 그럴까?

5. 인강(咽腔 pharyngeal cavity)의 길이가 8cm이고 비강(鼻腔 nasal cavity)의 길이가 12cm일 때 여기서 나오는 공명주파수(resonance frequency)를 계산하라.

6. 어린아이의 구강(口腔)의 길이가 12cm일 때 여기서 나오는 F1, F2, 및 F3의 주파수를 계산하라.

7. 여자의 구강(口腔)의 길이가 15cm일 때 여기서 나오는 F1, F2, F3의 주파수를 계산하라.

8. 다음은 Jalapa Mazatec어(Oaxaca, Mexicco)의 다섯 단음절어([si] 'dirty', [se] 'he sings', [sɑ] 'moon', [so] 'you', [su] 'lukewarm')의 spectrograms이다 (Johnson 1997:104, Fig 5.8에서 따옴). F1, F2, 및 F3의 주파수를 재라. 그런 다음 F1과 F2의 수치를 formant chart에 그려 넣으라. (주파수는 kHz를 나타낸다)

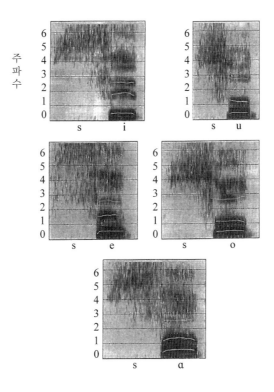

9. 대부분 언어에서 전설모음은 비원순이고 후설모음은 원순이다. 왜 그럴까? 우연일까 아니면 어떤 음향학적인 이유가 있는가?

10. 다음은 영어 단어 *potato*(감자)와 *pepper*(후추)의 음파(wave form)이다. 어느 것이 어느 것인가? 그렇게 결정한 이유는? (Ashby & Maidment 2005:18, Exc. 1.9)

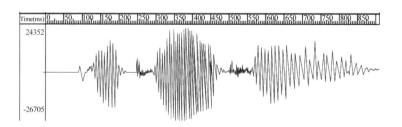

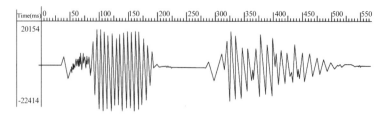

11. 다음은 세 언어(Welsh, Czech, Turkish)에서 접두사나 접미사가 부착되었을 때의 강세변동 현상이다. 어떻게 다른가?

1. Welsh: ['əsgɔi] 'school'  [əs'gɔljɔn] 'schools'
    ['ləgɔd] 'mouse'  [lə'gɔden] 'mice'

2. Czech: ['maso] 'flesh'   ['bezmasi] 'fleshless'
    ['stali] 'they stood' ['nastali] 'they arose'

3. Turkish: [o'tel] 'hotel', [otel'ler] 'hotels', [oteller'den] 'from the hotels'
    [a'dam] 'man', 과 'men', [adamlar'um] 'of the men'

12. 다음은 영어 단어 *apart* [əpɑːt](영국영어 발음)의 음파이다. 모음 [ə], [p]의 폐쇄기간, VOT (=aspiration 기식), 모음 [ɑː]의 성대진동 시점과 길이 및 [t]의 폐쇄기간을 측정하라. (Ashby & Maidment 2005:100, Exc. 6.5)

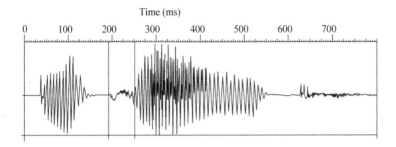

13. 다음에 있는 한 쌍의 문구에는 중의가 있다. 왼쪽은 직선적이고 오른쪽은 비유적이다. 중의를 어떤 초분절소로 구별할 수 있을까?

| | |
|---|---|
| blue blood '청색증(靑色症)' | blue blood '귀족' |
| hot line '뜨거운 전선' | hot line '직통 전화' |
| new year '새해' | New Year '정월 초하루' |
| long shot '장거리 투포환' | long shot '승산 없는' |
| big head '큰 대가리' | big head '자만' |
| bull's eye '황소의 눈' | bull's eye '적중' |

Fishy Phonetics(의심스런 음성학)

"tough"의 gh는 [f]로 발음되고

"women"의 o는 [ɪ]로 발음되고

"motion"의 ti는 [ʃ]로 발음되니

"fish"는 음성학적으로 "ghoti"라고 쓰면 되겠네

(원래 영국의 철학자이자 비평가인 George Bernard Shaw(1856-1950)가 영어 철자의 부조리함을 비꼬아 지적한 것)

# IV부 청각/지각음성학
## (Auditory/Perceptual phonetics)

'소리'의 한자어인 '음성'의 '성(聲)'에는 '귀 이(耳)' 자가 들어있다. 이 것은 소리란 입으로 나오기도 하며 귀로 들어오기도 함을 시사한다. 즉 소리에는 내기(발성)와 듣기(청취)의 두 면이 있는 것이다. 그러니까 청각 은 음성학에서 반드시 다루어야 할 과제이다.

통신은 화자가 의도한 메시지가 청자에게 전달될 때 성공적으로 이루어 진다. 그런데 통신의 전달은 데이트를 하는 남녀가 꽃다발을 상대방에게 직접 전해주는 것 같은 전달이 아니다. 위 I.1.2(말 고리 The speech chain) 에서 잠시 언급했듯이, 화자의 발성으로 인한 음파는 공기를 타고 청자의 귀에 도달해서 청자의 고막을 울린다. 이 물리적인 울림을 청자는 그의 내이(內耳)에서 신경파동(neural pulses)으로 변형시켜 자기의 뇌에 전달한 다. 여기에서 청자가 화자의 메시지를 그대로 재구(再構)하면 통신이 성공 적으로 이루어진다. 따라서 듣는 것(hearing)은 귀가 하지만, 인식하는 것 (perception)은 뇌가 한다. 위(I.2)에서 발성기관의 구조와 작용을 보았듯이, 여기서는 먼저 청각기관의 구조와 작용을 본 다음에 지각작용을 잠시 살펴 볼 것이다. 청각과 지각은 반드시 1:1의 관계가 아님을 보게 될 것이다.

## 10장 청각기관(Auditory organs)

발성을 입으로 한다면 청취는 귀로 한다. 그런데 귀의 구조와 작용은 생각보다 꽤 복잡하다. 아래 그림은 귀(청각기관)의 구조인데, 이를 따라 설명을 해나가겠다.

(10.1) 청각기관(귀의 구조)

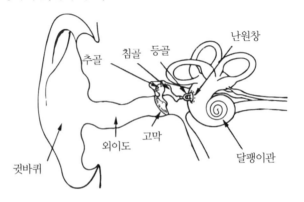

- 외이(外耳)
  귓바퀴(auricle/pinna)
  외이도/이관(ear canal/meatus)
- 중이(中耳)
  고막(鼓膜, ear drum/tympanum)
  추골(追骨, malleus)/망치(hammer)
  침골(砧骨, incus)/모루(anvil)
  등골(鐙骨, stirrup/stapes)
  난원창(卵圓窓, oval window)
- 내이(內耳)
  와우각(蝸牛殼, cochlea)

내이전정(內耳前庭, vestibular membrane)
내이후정(內耳後庭, basilar membrane)
전정계(前庭階, scala vestibuli)
고실계(鼓室階, scala tympani)
코르티기관(organ of Corti)

우선 귀(이 耳)는 외이(外耳), 중이(中耳), 내이(內耳)의 세 부분으로 구성되어 있다. 밖에 드러나 있는 귀바퀴(auricle, pinna)에서 고막(ear drum)까지가 외이(外耳)이고, 고막에 이은 소골(小骨 ossicle)이 중이(中耳)이며, oval window를 지나 cochlea(와우각 蝸牛殼)이 위치한 곳을 내이(內耳)라고 한다.

귀바퀴는 앞에서 오는 음파를 ear canal(이관 耳管)로 몰아주는 것밖에는 청취에 직접 참여하지 않는다. ear canal의 길이는 몸집에 따라 약간의 차이는 있지만 평균 1인치(2.54cm)이다. 이관이 고막을 보호해 주는 역할도 하지만, 이관(耳管)이 공명관으로 작용하기 때문에 이관의 길이는 특정한 주파수의 음폭을 증강시킨다. 위(9.3)에서 포만트를 산출할 때의 공식에 넣어보자. 계산을 쉽게 하기 위해 v/4L의 L을 2.5cm로 잡으면, 4x2.5=10이니까 v(음속)를 34000cm/sec로 볼 때, f=3400Hz가 된다. 즉 길이가 2.5cm인 공명관에서 나오는 자연공명주파수는 3400Hz라는 말이 된다. 우리 귀는 3000-4000Hz의 소리에 가장 민감한데, 말소리의 이해에 가장 이상적인 주파수이다.

이관의 끝에 있는 고막은 음파에 따라 진동한다. 그런데 이 진동은 아주 미약한 진동이기 때문에 이를 강화할 필요가 있다. 이 강화작용이 중이에서 일어난다. 중이는 세 개의 소골(小骨 ossicles)로 구성되어 있는데 고막에서부터 차례로 추골(追骨, 망치 hammer, malleus), 침골(砧骨, 모루 anvil, incus), 및 등골(鐙骨 stirrup, stapes)이다. 고막이 받은 음파는 소골들을 거치면서 끝 소골인 U자꼴의 등골이 내이의 창구인 난원창(oval window)에 닿을 때는 음파의 에너지가 약 35배로 증강된다고 한다. 중이(中耳 middle ear)의 구조는 다음과 같다.

(10.2) 중이

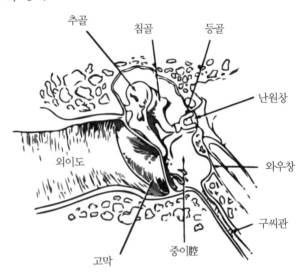

내이로 가기 전에 한 마디. 바깥 공기와 중이의 공기는 고막으로 격리되어 있다. 두 곳의 기압이 같으면 아무 문제가 없지만, 어느 때는 위험할 정도로 격차가 커질 때가 있다. 예를 들면 항공기가 기압이 낮은 고공으로 급속으로 상승하거나, 반대로 급강하로 착륙할 때이다. 이때 귀에 통증을 느낀 적이 있을 것이다. 이러한 기압의 차이를 중화하기 위하여 중이에서 인후강(咽喉腔 laryngo-pharyngeal cavity)으로 통하는 관이 있다. 이를 구씨관(歐氏管 Eustachian tube)이라고 한다 (그림 참조).

내이의 중추기관은 달팽이처럼 생긴 와우각(蝸牛殼 cochlea)이다. 이 안에서 음파가 신경파동(neural pulses)으로 변형된다. 청취에서의 내이의 역

할을 이해하기 위해서 내이의 구조를 더 자세히 볼 필요가 있다. 아래의
약도를 보라.

(10.3) 와우각

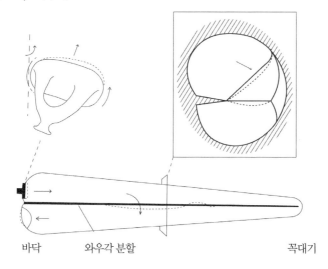

바닥          와우각 분할                        꼭대기

　　왼쪽 위 그림은 등골(鐙骨 stirrups, stapes)이 난원창을 자극하는 것이고,
오른쪽 위 그림은 와우각의 단면이며, 아래쪽 그림(무뿌리 같이 생긴 것)
은 달팽이처럼 생긴 와우각을 일직선으로 편 것이다. 이 와우각 단면의
더 상세한 그림은 다음과 같다. (Ball & Rahilly 1999:182, Fig. 10.2에서
따옴)

(10.4) 와우각(蝸牛殻 cochlea) 단면

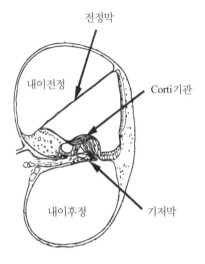

전정막

내이전정

Corti기관

내이후정

기저막

    음압(音壓 sound pressure)의 기복이 난원창(oval window)을 통해서 와우각(cochlea) 안에 있는 액체(perilymph)에 전달되면 이에 따라 기저막(basilar membrane)이 진동한다. 이때 어느 부위가 진동하느냐 하는 것은 음파의 주파수에 따른다. 그런데 기저막은, 예측과는 반대로, 난원창에 가까운 기저는 가늘고(두께 약 0.04mm) 뻣뻣하며, 와우각의 끝부분인 정점(頂點 apex, 또는 helicotrema)으로 가면서 점점 더 굵고(두께 약 0.5mm) 나긋해진다. 아래 그림 (10.5)에서 밑이 기저(base)이고 안쪽이 정점(apex)이다. 그래서 주파수가 높은 소리는 기저쪽에서 진동하고, 주파수가 낮은 소리는 정점쪽에서 진동한다 (Denes & Pinson 1993, 제5장 Hearing 참조). 현악기(바이올린이나 피아노)에서 가늘고 팽팽한 줄이 높은 음을, 굵고 느슨한 줄이 낮은 음을 진동시킴을 상기하라. 아래 그림이 이 상관관계를 보여주고 있다.

(10.5) 와우각 안의 기저막(basilar membrane)과 주파수와의 상관성

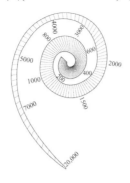

마지막 단계로 이 진동이 기저막에 붙어있는 유모세포(有毛細胞 hair cell)에 전달되고, 유모세포의 움직임이 신경파동으로 변형되어 신경선 (10.1의 청각기관 그림에서 맨 오른 쪽에 뻗은 것)을 타고 청자의 뇌에 전달된다.

다시 말하면 약 28,000개의 유모세포는 특정한 주파수에 민감하게 되어 있다. 그러니까 유모세포가 반응할 수 있는 소리만이 인간의 가청영역(可聽領域 audibility range)이다. 이는 대체로 20Hz∼20,000Hz이다. 20Hz 이하의 소리를 초저주파음(超低周波音 infrasound)이라고 하고 20,000Hz 이상의 소리를 초음파음(超音波音 ultrasound)이라고 한다. 개(犬)는 20Hz 보다 낮은 소리를 들을 수 있고, 박쥐와 돌고래(dolphin)는 20,000Hz 보다 높은 소리를 들을 수 있다. 노령이 되면서 때로 귀가 어두워지는 것은 유모세포의 어느 부분이 반응의 기능을 잃어서 그만큼 가청영역이 줄어들었음을 의미한다.

소리의 크기(음량 音量 loudness)에도 가청구역이 있다. 다음은 가로좌표(abscissa)를 주파수, 세로좌표(ordinate)를 진폭(amplitude)으로 하고 그린 가청영역이다 (audiogram 또는 hearing acuity라고 한다). 주파수가 낮

을수록 음폭이 커야만 가청할 수 있음을 볼 수 있고, 또 소리의 크기가 120db가 되면 귀청에 통증이 올 수 있음을 보여준다.

(10.6) 가청영역

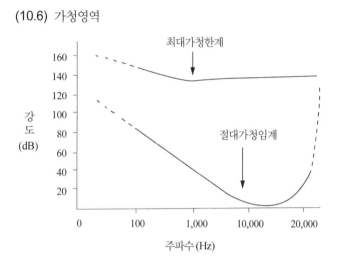

위에서 보았듯 청각기관이 화자의 메시지를 청자의 두뇌에 전송해서 통신이 이루어진다. 그렇다고 청각과 지각 사이에 언제나 1:1의 관계가 있는 것은 아니다. 교신이 늘 100% 성공적으로 이루어지는 것은 아니기 때문이다. 청자는 가끔 **"네?"**, **"뭐라고요?"**, *"Beg your pardon!"*, *"Sorry, what did you say?"* 라고 반문할 수도 있다. 또 잘 못 알아들었는데 잘 알아들었다고 생각하기도 한다. 이것을 오해라고 한다. 왜 이런 일이 일어날까? 통신이 불완전하게 이루어지는 이유에는 두 종류가 있다. 하나는 외적 요소이고 또 하나는 내적 요소이다.

청자가 **"듣기 싫어!"** 라고 소리쳐도 청자의 청각기관은 화자의 메시지를 충실하게 청자에게 전달한다. 그런데도 통신이 안 될 수도 있는 것은, 주위의 소음이나 청자 자신의 청각장애증 때문일 수 있다. 이것이 외적 요인이다. 이런 장애가 없는데도 청각과 지각 사이에 1:1의 관계가 성립되지 않을 수 있다. 이것이 내적 요인인데, 다음 항의 지각이론에서 좀 더 자세히 다루겠지만, 단적으로 말하면, 두 다른 신호가 같은 것으로 지각될 수도 있고, 반대로 같은 신호가 다른 것으로 지각될 수도 있기 때문이다. 자세한 것은 다음 항으로 미루고 여기서 간단한 예를 한 둘 씩만 들어보자.

어른과 어린아이의 조음기관엔 규격의 차이가 있다. 아이의 것이 훨씬 작다. 그러므로 작은(=짧은) 공명관에서 나오는 자연공명주파수와 큰(=긴) 공명관에서 나오는 주파수는 다르다. 그럼에도 불구하고 청자는 어른과 아이의 모음([e]나 [o])을 똑 같은 것으로 알아듣는다.

잘 알려진 예로 **유령 음운**(ghost phoneme) 또는 **음운 부활**(phoneme restoration)이라는 현상이 있다 (Warren 1970 참조). Warren은 다음과 같은 실험을 하였다.

(10.7)

      It was found that the "__x_eel"[_x_i:l] was on the __y__

      ('__x__ 이/가 __y__ 에 붙어있음을 알게 되었다')

라는 문장의 "__x_eel"[_x_i:l] 자리에 기침소리([?]와 비슷)를 삽입하고서 다음과 같이 마지막 명사(y)를 바꾸어 보았다.

(10.8)

    (1) It was found that the [?i:l] was on the axle.

        '차축에 ___가 붙어있었다'

    (2) It was found that the [?i:l] was on the orange.

        '오렌지에 ___가 붙어있었다'

(3) It was found that the [ʔiːl] was on the boat.

　　　'보트에 ___가 붙어있었다'

(4) It was found that the [ʔiːl] was on the paper.

　　　'종이에 ___가 붙어있었다'

(5) It was found that the [ʔiːl] was on the shoe.

　　　'신발에 ___가 붙어있었다'

　그리곤 청중에게 무엇을 들었느냐고 물었다. 결과는 다음과 같았다. 문장 (1)일 때는 "wheel"(바퀴)를 들었고, 문장 (2)일 때는 "peel"(껍질)을, 문장 (3)일 때는 "keel"(배의 용골 龍骨)을 들었고, 문장 (4)일 때는 "seal"(인장)을, 그리고 문장이 (5)일 때는 "heel"(신발의 뒤축)을 들었다는 것이다! 즉, 같은 소리 [ʔ]를 문맥에 따라 [p], [k], [s] 등으로 들은 것이다. "유령 음운"(ghost phoneme) 및 "음운 부활"(phoneme restoration)이라는 용어는 여기서 유래한다. 즉, 없는 소리를 부활시켜 들은 것이다. 이런 현상을 top-down processing(상의 하달 작용)이라고 한다. 위에서 두뇌가 명령(기대)하는 대로 하위 음운을 재구하기 때문이다. 역현상을, 즉 하위 정보를 분석해서 전체를 구성하는 것을 bottom-up processing(하의 상달 작용)이라고 한다. 잘 모르는 외국어의 단어나 문장을 이해하기 위해 청취한 것을 분석해서 어떤 단어/문장인가를 확인하는 것이 bottom-up processing의 한 예가 될 것이다.

# 11장 지각작용(Perceptual processes)

Hooper(1976:16)는 다음과 같이 단언하였다. "P(honological)-rules describe processes governed by the physical properties of the vocal tract." (음운규칙은 발음기관의 물리적 자질에 지배되는 현상들을 기술한다.)

이 발언은 전통적 생성음운론이 언어의 산출성에 토대를 두고 있음을 말해준다. 그러나 언어에는 화자가 있는 동시에 청자가 있으며, 말은 들으라고 하는 것이기에 ("We speak in order to be heard." - Jakobson, Fant, & Halle 1951:13), 언어에는 그 산출이 지배하는 문법이나 음운현상이 있는 동시에, 그 지각이 지배하는 음운현상도 있다고 하지 않을 수 없다. 좀 더 체계적인 고찰을 하기 전에 우선 간단한 예를 하나 듦으로써 이 논리를 뒷받침하려 한다.

고대영어에서 연구개마찰음 [x]로 발음되던 것이 근대영어에서 순치음 [f]로 바뀌었다 (예: *laugh*[læf]). 이는 [f]에 해당하는 철자가 gh임과 또 언어계보 상 영어의 사촌인 독일어에서 동원어(同源語 cognate) *lachen* [laxən]이 아직도 무성 연구개마찰음 [x]를 지니고 있는 것을 보아서도 알수 있다. 그런데 이 [x] → [f]의 변화는 조음적으로 설명할 수가 없다. 조음방식은 둘 다 무성마찰음이라서 동화할 것이 없으며, 조음위치는 연구개(velar)와 순치(labio-dental) 사이의 거리가 멀 뿐만 아니라, [x]가 연구개음에서 경구개음 [ç]로, 경구개음에서 치경음 [s]로, 치경에서 치음 [θ]로, 치음에서 순치음[f]로 점차적으로 조음위치가 변했을 것이라는 가정을 영어사에서 전혀 고증할 수 없기 때문이다. 그러면 어떻게 연구개마찰음 [x]가 순치마찰음 [f]로 바뀌었을까? 그 답은 두 소리가 조음적으로는 꽤 다르나 음향적으로는 비슷하여 청자들이 또 새 세대의 언어습득자들이 두 소리를 혼동하기 시작한 데에 기인했다고 할 수 밖에 없다. 사실 이런 청각/지각적 설명만이 합리적이며, 이를 인접 음운과의 동화작용이나, 혀뿌리와 입술이 어떤 신경선으로 연결되어 있기 때문이라는 식의 조음적 설명은 불가능하다.

일상적 언어의 사명은 화자의 의사를 청자에게 전달하는 데에 있다. 그런데 이때 화자와 청자가 바라는 바가 상치되기도 한다. 화자는 가능한한 적게 노력을 들여 발음하려 하기 때문에 (이른바 **"최소 노력의 원리"** The principle of the least effort) 말이 흐려지고 불명료해지는 경향이 있는 반면, 청자는 어사의 최대한의 구별(maximum distinctness)을 원한다. 그래서 청자는 화자의 지나친 언어경제를 견제하며, 언어가 통화의 효능을 발휘하기 위해선 최대의 변별을 요구한다. 이렇게 청자가 지배하는, 즉 언어의 지각성이 요구하는 음운현상들을 아래에서 두엇 보고자 한다.

이미 언급했듯, 청자가 요구하는 것은 음운단위들이 최대한으로 구별되어야 한다는 것이다. 이를 Martinet(1955)는 "le principe de différentiation maxima" (최대구별의 원칙)이라고 부르고 Moulton(1962)은 "Maximum distance in phonetic space" (음성공간에서의 **최대간격 원리**)라고 하였는데, 음운 단위들이 서로 최대한의 간격을 두고 배열되어야 함을 말한다.
주지의 예로, 세 모음 언어는 그 모음이 [i, ɑ, u]이며, 다섯 모음 언어는 [i, e, ɑ, o, u]이다. 또 러시아어에서 모음 [i]와 [e]가 중화될 때 [i]로 중화되며 모음 [u]와 [o]는 [u]로 중화된다. [e]나 [o]로 중화되지 않는다. 이런 필연적인 이유가 어디에 있을까? 이론적으로 볼 때, 3모음어의 세 모음이 반드시 [i, ɑ, u]이어야 할 이유가 없다. [i, e, ɛ]일 수도 있고 [u, ɔ, o]일 수도 있고 [e, ɜ, o]일 수도 있다. 화자의 입장에선 이런 모음체계가 더 바람직한 것이라고 볼 수도 있다. 모음들이 한 군데 몰려있어서 혀를 많이 굴리지 않아도 되는 경제성이 있기 때문이다. 그럼에도 불구하고 세 모음어의 세 모음이 보편적으로 [i, ɑ, u]인 것은, 이 세 모음이 음향적으로 볼 때 최대의 간격을 서로 사이에 두고 배열되어 있어서 세 모음의 구별과 지각이 가장 쉽기 때문이다. 이를 더 구체적으로 살펴보자.

우리는 위에서 이 세 모음의 두 포만트(F1과 F2)는 다음과 같음을 보았다.

(11.1) [i] [ɑ] [u]의 포만트(F1과 F2)

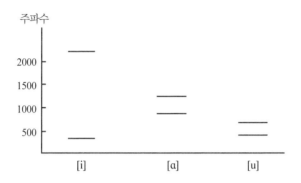

위의 그림을 살펴보면, 세 모음의 두 포만트가 최대한으로 상호 간 구분되도록 배열되어 있음을 볼 수 있다. 즉 주파수 300Hz와 2200Hz 사이를 모음의 음향적 영역이라고 본다면, 모음 [i]는 두 포만트가 최저와 최고지점에 있는 반면, 모음 [ɑ]의 두 포만트는 중간에 몰려 있으며, 모음 [u]의 두 포만트는 최저지점에 몰려 있다 (두 포만트가 최고지점에 몰리는 네번째 배열은 음향학상 불가능하다). 중학생에게 성냥개비 여러 개를 주고 길쭉한 직사각형에다 두 성냥개비가 최대한으로 구별될 수 있도록 배열해 보라고 하면 [i, ɑ, u]의 포만트 배열과 같은 답을 줄 것이다.

후설모음 [u]의 원순성도 음향학적으로는 설명이 쉽지만 조음적 합리성은 찾아보기 힘들다. 입술을 둥글게 하면 내민 입술의 길이만큼 구강이 길어진다. 공명관이 길수록 공명주파수가 내려감을 위에서 보았다. 이 원리를 모음에 적용하면 입술을 내밀므로서 그만큼 구강의 길이가 길어지며 따라서 포만트 주파수가 내려간다. 그런데 거꾸로 전설모음 [i]를 원순화하고 후설모음 [u]를 비원순화 한다고 해보자. 그 음향적 결과는 [i]의 포만트는 내려오고 [u]의 포만트는 올라갈 것이다. 그러면 이 두 모음이 모음의 음향적 공간에서 최대한의 거리를 두고 배열되어야 한다는 원칙에 어긋나게 됨을 알 수 있다. 조음적으로는 이러한 설명이 불가능하다. 하필 후설모음마이 원순성을 띠고 전설모음은 원순성이 없는 것이 자연스럽고 당연함을 설명할 수가 없는 것이다.

이러한 원칙은 자음체계와 음절 구조에도 적용된다. CVCV의 연속에서 C는 공명도(sonority)가 낮은 자음들(저해음)이 더 기본적인데, 이는 음운의 연쇄에서 공명도가 높은 V(모음)와 더 큰 대조를 이루기 때문이다. Jakobson(1962)은 "Why 'mama' and 'papa'?" (왜 '마마'와 '파파'일까?)라는 글에서, 어린아이들의 첫 단어가 많은 나라말에서 '마마'와 '파파'의 형식을 갖는 것은 '파'[pa], '타'[ta], '마'[ma]의 음절들이 자음과 모음이 음향적으로 최대의 대조를 이루는 음절이기 때문이라고 하였다.

CVCV의 기본음절 구조 자체가 모음만의 연속이나 자음만의 연속이 아닌 것도 음운단위의 이러한 배열이 지각적으로 가장 좋기 때문이다. 어사나 형태소의 연결에서 모음이 충돌할 때 자음을 삽입한다든가, 반대로 자음군을 간소화하기 위해 자음을 하나 탈락시키거나 모음을 삽입하는 현상이 많은 언어에 있음도 이 때문이다. 모음과 자음의 음향적 자질이 상반되기 때문에 C가 두 V 사이에 끼어 있을 때, V가 두 C 사이에 끼어 있을 때 서로의 인식(=지각)이 가장 쉬운 것이다.

청자가 지배하는 음운현상의 또 하나의 예.

약화(lenition, weakening)가 화자의 경제원리에 의한 현상이라면, **강화**
(fortition, strengthening)는 청자의 변별원리에 의한 음운현상이라고 할 수
있다. 화자가 조음을 강화하면 음운이 더 두드러져서 그 지각이 그만큼
더 쉬워지기 때문이다. 다음 도표는 약화현상에 대응하는 강화현상을 나
열한 것이다.

(11.2)

| 약화현상 | 강화현상 |
|---|---|
| a. 동화작용(assimilation) | 이화(異化)작용(dissimilation) |
| b. 완화작용(laxing) | 경화(硬化)작용(tensing) |
| c. 탈락(elision/syncope) | 삽입(epenthesis/insertion) |

강화현상의 예를 하나씩 보자.

Abkhaz-Abaza어(Northwest Caucasia)에서는 두 [r]이 어중에서 연접하
게 되면 처음 [r]이 [d]로 변한다. 즉 [rr] → [dr]. 예:

(11.3)

기저형: /y + r + r + ba + d/

it they cause see Past (they showed it)

표면형: [y **d** r b a d]

음운형이 같은 두 형태소의 구별이 지각적으로 [rr]보다는 [dr]가 더 쉬
울 것이기 때문일 것이다. 국어의 사이시옷도 경화현상이다. 복합어에서
둘째 단어의 첫 자음이 두 모음이나 유성음 사이에 오면 예삿소리는 유성
음화되는 것이 원칙이다. 그러나 복합어의 경우는 경음화 된다. 예: **내달**

(來月)[nædal], 반달[pandal], 그러나 **보름달**[보름딸] ([porim**t′**al]); **간밤**
[kan**b**am], **한번**[han**b**ən], 그러나 **산불**[산뿔]([san**p′**ㅜㄹ]); **감기**[kamgi], **누가**
[nu**g**a], 그러나 **산길**[산낄]([san**k′**ㅣㄹ])). 이런 된소리 현상의 목적은 복합어
의 둘째 어휘의 정체가 어두자음의 유성음화로 불명료해짐을 지양하고 된
소리화로 그 음형을 더 두드러지게 함으로써 어휘의 지각을 돕는 데에
있다고 할 수 있다. (최현배 선생님의 사이시옷 기원설이다.)

영어 명사의 복수형과 동사의 과거형은 삽입의 좋은 예이다.
영어 명사의 복수형은 명사이 끝소리가 무성음이면 [s]이고 유성음이면
[z]이다. 또 동사의 과거형은 동사의 끝소리가 무성음이면 [t]이고 유성음
이면 [d]이다.

(11.4)

a. <u>단수</u>　　<u>복수</u>

| | |
|---|---|
| cab | cabs [kæb**z**] |
| cap | caps [kæp**s**] |
| bed | beds [bed**z**] |
| pet | pets [pet**s**] |
| bag | bags [bæg**z**] |
| back | backs [bæk**s**] |

b. <u>현재</u>　　<u>과거</u>

| | |
|---|---|
| tab | tabbed [tæb**d**] |
| tap | tapped [tæp**t**] |
| sag | sagged [sæg**d**] |
| sack | sacked [sæk**t**] |
| pose | posed [poʊz**d**] |
| pass | passed [pæs**t**] |

이때 명사의 끝소리가 [s]나 [z]일 때, 또 동사의 끝소리가 [t]나 [d]일 때는 명사와 과거형이 어떻게 나타날까? 위의 동화규칙, 즉 끝소리의 성 (voice)에 따라 무성음이면 [s], [t]로, 유성음이면 [z], [d]로 되는 규칙을 적용해보자. 그러면 다음과 같은 형태를 얻게 될 것이다.

(11.5)

    a. <u>단수</u>　　　　　<u>복수</u>
       bus '버스'　　　　bus-s [bʌs-**s**]
       buzz '소음'　　　buzz-s [bʌz-**z**]


    b. <u>현재</u>　　　　　<u>과거</u>
       heed '유의하다'　heed-d [hi:d-**d**]
       heat '데우다'　　heat-d [hi:t-**t**]

그러나 이것은 비정형(非正形 not well-formed)이며, 정형은 삽입모음 [ə]가 들어간 [əz]와 [əd]이다. 즉

(11.6)

    <u>명사 복수</u>　　　　<u>동사 과거</u>
    buses [bʌs**əz**]　　　heeded [hi:d**əd**]
    buzzes [bʌz**əz**]　　heated [hi:t**əd**]

왜 삽입모음이 필요할까? 이에 대한 대답은 삽입모음이 없는 경우를 보면 알 수 있다. 동화규칙에 따르면 [ss], [zz], [tt], [dd] 등의 중자음(重子音 geminate)을 낳게 되는데 이는 청자의 입장에서 볼 때 그 구별의 지각이 꽤 힘들 것이기 때문이다.

Lithuanian어에서도 비슷한 현상이 나타난다. 접두사 *ap-*, *at-*의 자음은 후행하는 동사어간의 초성의 성에 동화된다.

(11.7)

    ap-arti → a**b**arti '경작하다'

    ap-dirpti → a**b**dirpti '관찰하다'

    at-eiti → a**d**eiti '도착하다'

    at-gimti → a**d**gimti '재생하다'

그러나 동사어간의 초음이 *p*나 *b*일 때, 또 *t*나 *d*일 때는 접두사와 어간 초성 사이에 모음 *i*가 삽입된다.

(11.8)

    ap-puti → ap*i*puti '썩다'

    ap-bekti → ap*i*bekti '돌아다니다'

    at-teisti → at*i*teisti '심판하다'

    at-duoti → at*i*duoti '돌려주다'

a*pp*uti, a*bb*ekti, a*tt*eisti, a*dd*uoti의 중자음은 구별과 인지가 힘들기 때문일 것이다.

마지막으로 언어음의 지각에 대한 가설을 하나 소개하고 지각에 관한 장을 맺기로 한다.

많은 음성학 실험에서 실험자료로 합성된(synthesized) 입력(input)을 쓰는데 그 이유는 입력자료를 정확하고 세밀하게 통제할 수 있기 때문이다. 한 예로, 영어의 어두 유성파열음([b d g])이 프랑스어의 유성파열음과 달리 거의 무성화 된다. 그런데 여기서 "거의"란 것은 인상적인 진술이니까, 더 과학적으로 VOT의 어느 지점에서 영어의 어두 유성파열음이 발성되고 지각되는가를 고찰해보기로 한다고 하자. 이때 화자들에게 영어의 유성파열음의 VOT의 길이를 정확히 10msec씩 가감하면서 발음해보라고 할 수가 없다. 인간에겐 이런 작은 단위의 시간을 통제할 수 있는 능력이 없기 때문이다. 그래서 파열음의 구강폐쇄가 개방되는 시점을 0으로 잡고 그 전 50msec 지점부터 10msec씩 VOT를 100msec(=10분의 1초)까지 늘리는 합성어를 만든다. 그리고선 이것을 영어화자에게 들려주며 *bay*를 들었느냐 *pay*를 들었느냐고 물어본다. 그 결과는 다음과 같았다 (Ashby & Maidment 2005:182, Fig. 11.3).

(11.9) [b]와 [p]의 VOT 경계

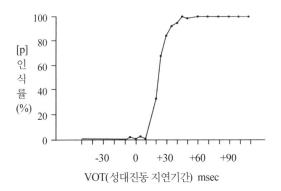

이 도표는 다음 두 가지를 말해준다. 첫째로 영어의 이른바 유성파열음은 어두에서 무성이라는 것이다. 프랑스어의 유성자음은 구강 폐쇄 중 성대의 진동이 있는데, 위 도표에선 전혀 없기 때문이다. 둘째로 더 놀라운 것은 [b]에서 [p]로의 지각이 VOT가 길어지면서 점차적으로 이동되는 것이 아니라, 10msec와 30msec의 사이에 0에서 100%로 뛴다는 사실이다.

이것은 /b/음소와 /p/음소(더 일반적으로는 유성과 무성의 범주)의 경계가 매우 날카로움을 시사한다. 이를 **범주적 지각**(categorical perception)이라고 한다.

이 지각은 앞에서 본 음운부활(phoneme restoration)의 지각현상과는 그 성격이 다르다. 음운부활은 청자의 세계에 대한 지식과 경험 또는 문맥이 음성의 인식에 영향을 미치는 top-down processing(상의 하달 작용)이었다. 범주적 지각은 언어의 단위인 음소의 경계가, 강과 대하(大河)의 경계처럼 점진적이거나 모호한 것이 아니고, 범주 간의 경계와 영역이 명료하게 규정되어 있음을 말한다.

9.2.(자음음향학)에서 **궤적**(軌跡 locus)이라는 개념을 소개하였다. 파열음의 조음위치를 알려주는 단서(cue)는 인접모음의 포만트 주파수로부터 용적이 다른 세 자음의 가상적인 자연공명주파수(natural resonance frequency)에로의 전이(轉移 transition) 형태라고 하였다. 양순자음은 구강의 용적이 가장 많고, 치경자음이 그다음이며 연구개 자음은 구강 용적이 가장 작다. 그러니까 양순음 locus의 주파수가 가장 낮고, 연구개 locus의 주파수가 가장 높을 것이다. 그러므로 인접모음의 포만트 주파수로부터의 $F_2$의 모형적 전이 형태는 [b]일 때 하강하고, [d]일 경우 평행하고, [g]일 때 상승한다고 볼 수 있다.

1950년대에 미 Connecticut주의 New Haven시(Yale 대학의 소재지)에 있는 언어 연구기관인 Haskins Laboratories의 음성학자들이 합성된 자료로 조음위치의 지각 실험을 하였다 (Delattre et al. 1952, Liberman et al. 1957). 우선 이들은 $F_2$의 전이 양식을 다음 그림 (11.10)이 보여주듯 14단계로 합성하였다.

(11.10) 14단계로 합성한 조음위치의 궤적(軌跡 locus)

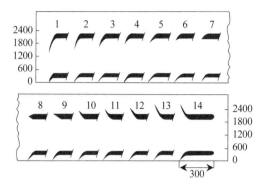

위와 같은 합성 자료를 청자들에게 들려주고 실험한 결과는 다음 (11.11)과 같았다.

(11.11) [b], [d], [g] 지각 실험의 결과

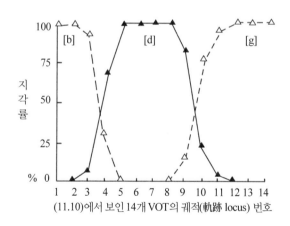

(11.10)에서 보인 14개 VOT의 궤적(軌跡 locus) 번호

[b]와 [d]의 경계가 단서 #4에 있고 [d]와 [g]의 경계가 단서 #10에 있으며, 전이 양상이 이른바 종 모양의 곡선(bell curve)을 이루는 점진적인

현상이 아니라, 단서 한 둘을 거치면서 100%로 솟는 범주적 현상임을 알 수 있다. 위 (11.11)에서 VOT(성대진동시점)의 차이에 의한 /b/ 대 /p/의 지각이 범주적(categorical)임을 보았는데, locus의 차이에 의한 /b/, /d/, /g/의 지각도 범주적임을 입증하는 또 하나의 좋은 예이다.

이러한 사실은 언어음의 지각(perception)은 자연음의 지각과 다르며, 귀청을 두드리는 음파와 1대 1의 비례관계에 있지 않음을 보여주고 있다.

## 연습문제 (6)

1. 일찍이 George A. Miller(1981)가 "cocktail party mystery"(칵테일 파티 미스테리)라고 명명한 현상이 있다. 칵테일파티에서 많은 사람들이 수군거리는 소음 때문에 분별할 수 없는 먼 곳의 발화가 청자에게 관심이 있는 것이면 (예를 들면 애인과 연적(戀敵)과의 대화) 알아들을 수 있다는 좀 불가사의한 현상이다. 이 현상을 어떻게 설명할 수 있을까?

2. 국어에서 [ㅓ] = [ə]와 [ㅡ] = [ɨ]가 가끔 혼동된다. 그 이유가 무엇이라고 생각하나?

3. [h]는 국어에서뿐만 아니라 많은 언어에서 자주 탈락한다. 프랑스어에는 *h*-mute(h 묵음)이라고 해서 아예 [h]음이 없으며 (철자에는 있되), 영어에서도, *hour, honest, honor* 등에서 [h]가 묵음이다. 또 *a hotel*을 *an hotel*[ənoʊtɛl]이라고 발음하는 미국인이 꽤 있다. 국어에서도 [ㅎ]이 자주 탈락한다. 예: **경험→[경엄], 여행→[여앵], 봄학기 →[봄악기]**. 왜 그렇다고 생각하나?

4. 현대의 외래어 표기법은 영어의 [b] [d] [g]를 예삿소리 ㅂ ㄷ ㄱ 으로 적게 되어있으나, 초기에는 된소리 ㅃ ㄸ ㄲ 으로 적었었다. 예: *bus* **빠스**, *dance* **땐스**, *golf* **꼴프** 등. 그 이유는 무엇이라고 생각하나?

5. 외래어 전사에서 영어의 tr의 t를 한글자모에 ㅌ이 있음에도 불구하고 초기에는 ㅊ로 적었다. 예: (크리스마스) *tree* **츄리**, *truck* **추럭**, 등. 이 현상은 무엇을 말해준다고 생각하는가?

"이게 엑스프레소야? 난 엑스프레소는 싫어."

"에스프레소야."

"내가 그랬잖아?"

"엑스프레소가 싫다고 그랬어."

"그래, 싫어."

"에스프레소에는 파열음(기역)이 없어."

"조금 처넣으면 맛이 더 좋을텐데."

# V부 언어음성학(Linguistic phonetics)

## 12장 변별적자질(辨別的資質 Distinctive Features)

지금까지 우리는 어음의 최소단위를 분절음으로 보고, 이들의 조음방법과 분류방법을 보았다. 그런데 분류명세에 쓰인 용어 중, 유성 대 무성, 유기 대 무기, 원순 대 비원순, 구강음 대 비강음, 등 반의어처럼 서로 대립되는 것들이 있었다. 여기서 우리는 반의어를 이루는 한 쌍의 용어를 한 용어로 통일하고, 이 용어가 명시하는 음성적 자질이 있는 소리를 +, 없는 소리를 −로 명세함으로써 음성 분류를 더 간결화 할 수 있음을 착안하게 된다. 예를 들면 유성(voiced)과 무성(voiceless)을 성(聲 voice)의 다른 구현이라고 보고 유성은 [+voice], 무성은 [−voice]로 기술하는 것이다. 마찬가지로 유기는 [+aspirate], 무기는 [−aspirate], 원순은 [+round], 비원순은 [−round], 비강음은 [+nasal], 구강음은 [−nasal]로 명세할 수 있다. 나아가서 마찰음을 [+지속음](持續音)[+continuant], 파열음을 [−지속음][−continuant]으로, 한편 비음과 유음과 활음을 망라한 자음군을 [+공명음](共鳴音)[+sonorant]으로, 파열음과 마찰음과 파찰음을 망라한 저해음(沮害音 obstruent)을 [−공명음][−sonorant]으로 명세할 수 있다.

모든 음성자질이 이러한 이분법(二分法 binarism)으로 쉬 분석될 수 있는 것은 아니지만, 체계의 일관성을 위해서 이를 다른 조음위치와 조음방식 및 모음에까지 연장해서 적용할 수 있다. 예를 들면, 모음의 고, 중, 저의 고도를 고와 저의 두 자질만을 사용하여 고모음은 [+high, −low]로, 저모음은 [−high, +low]로, 중모음은 [−high, −low]로 명세할 수 있다. 또 전설, 중설, 후설모음의 구분은 후설이 원순임에 비해 중설은 비원순이라는 잉여 관계를 포착하여, 중설과 후설을 [+back], 전설을 [−back]으로 명세할 수 있다. 종래의 중설과 후설의 구분은 중설을 [+back, −round], 후설은 [+back, +round]로 명시하면 될 것이다. 이를 도표로 보이면 다음과 같다.

(12.1) 모음의 이분적 분류도

(12.2) 모음의 이분법분류

|  | i | e | ɛ | a | ɔ | o | u | ɨ | ə | y | ø |
|---|---|---|---|---|---|---|---|---|---|---|---|
| high(高舌性) | + | − | − | − | − | − | + | + | − | + | − |
| low(低舌性) | − | − | + | + | + | − | − | − | − | − | − |
| back(後舌性) | − | − | − | + | + | + | + | + | + | − | − |
| round(圓脣性) | − | − | − | − | + | + | + | − | − | + | + |

변별적자질의 개념은 원래 20세기 초에 Sergei Trubetzkoy(1790-1860)
와 Roman Jakobson(1896-1982)이 창안한 것인데, Jakobson, Fant, &
Halle(1951)와 Jakobson & Halle(1956)가 체계화하였다. 이 초기의 변별
적자질은 주로 소리의 음향학적 자질로 정의되었는데, Chomsky &
Halle(1968)에서 수정·보완되면서 조음학적으로 정의되었다. 그 후 여러
음성학·음운론 학자들에 의하여 국부적인 수정과 개량이 제안되었으나,
현행 변별적자질의 골격은 Chomsky & Halle(1968)에 기반을 둔 것이다.
여기 소개하는 것도 이 저서의 제7장 "The phonetic framework"(음성의
구성, pp. 293-329)에 준한다. (김진우 1988 참조.)

자음의 조음위치를 이분법으로 분류하는 방법에는 몇 가지 가능성이
있겠으나, 요즘에는 주로 다음과 같은 방법이 쓰인다. 우선 잇몸(치경) 바
로 뒤를 경계로 구강을 둘로 나누고 그 앞에서 나는 자음을 전강(前
腔)[+anterior]자음이라고 하고, 그 뒤에서 나는 자음을 후강(後腔=비전강)
[−anterior]자음이라고 한다. 그리고 구강의 폐쇄/협착에 혀끝이나 혓날이
쓰이는 자음을 [+coronal]이라고 하고, 그렇지 않은 자음(즉 순음, 연구개
음)을 [−coronal]이라고 한다. (*coronal*은 *corona*의 형용사형으로 *corona*
는 '관'(冠)을 의미하는 *crown* '왕관'과 어원이 같다. coronal을 구태여 번
역하자면 '혓머리소리' 또는 '설관성'(舌冠聲)이라 할 수 있겠다.) 자음의
주요 조음위치의 이분적 분류는 다음과 같다.

(12.3) 자음의 주요 조음위치의 이분적 분류도

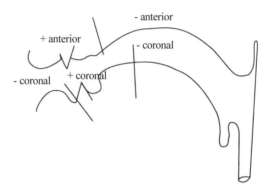

(12.4) 자음의 주요 조음위치의 이분적 분류

|  | 순음 | 치음 | 치경구개음 | 연구개음 |
|---|---|---|---|---|
| anterior | + | + | − | − |
| coronal | − | + | + | − |

앞에서 저해음(obstruent)을 [-공명성]([-sonorant])이라 하고, 비음, 유음, 활음을 [+공명성]([+sonorant])이라 명세한다고 하였거니와, 비음과 유음은 자음임에 비하여 활음은 반모음이므로, 전자를 [+자음성]([+consonantal]), 후자를 [-자음성]([-consonantal])으로 명세하여 구분할 수 있다. [+자음성]인 비음은 [+비음성]([+nasal]), 유음은 [-비음성]([-nasal])으로 명세하면 된다. 또 [h]가 활음으로 쓰일 때는 이를 [-공명성]([-sonorant])으로 명세하여 [+공명성]([+sonorant])인 [j, w]와 구분할 수 있다. 자음의 주요 조음방식의 이분법 분류는 다음과 같다.

(12.5) 주요 자음방식의 이분적 분류

|  | 저해음 | 비음·유음 | 활음(y·w) | 활음(h) |
|---|---|---|---|---|
| sonorant | - | + | + | - |
| consonantal | + | + | - | - |

위에 기술한 조음위치의 변별적자질과 조음방식의 변별적자질에 근거한 주요 자음의 이분적 분류는 다음과 같다.

(12.6) 자음의 이분적 분류

|  | p | b | t | d | k | g | m | n | ɲ | ŋ |
|---|---|---|---|---|---|---|---|---|---|---|
| sonorant(共鳴性) | - | - | - | - | - | - | + | + | + | + |
| consonantal(子音性) | + | + | + | + | + | + | + | + | + | + |
| nasal(鼻音性) | - | - | - | - | - | - | + | + | + | + |
| continuant(持續性) | - | - | - | - | - | - | - | - | - | - |
| anterior(前腔性) | + | + | + | + | - | - | + | + | - | - |
| coronal(舌冠性) | - | - | + | + | - | - | - | + | + | - |
| voice(有聲性) | - | + | - | + | - | + | + | + | + | + |

|  | f | v | θ | ð | s | z | ʃ | ʒ | ʧ | ʤ | l | r | j | ʍ | w | h |
|---|---|---|---|---|---|---|---|---|---|---|---|---|---|---|---|---|
| sonorant | - | - | - | - | - | - | - | - | - | - | + | + | + | - | + | - |
| consonantal | + | + | + | + | + | + | + | + | + | + | + | + | - | - | - | - |
| nasal | - | - | - | - | - | - | - | - | - | - | - | - | - | - | - | - |
| continuant | + | + | + | + | + | + | + | + | - | - | + | + | + | + | + | + |
| anterior | + | + | + | + | + | + | - | - | - | - | + | + | - | + | + | + |
| coronal | - | - | + | + | + | + | + | + | + | + | + | + | - | - | - | - |
| voice | - | + | - | + | - | + | - | + | - | + | + | + | + | - | + | - |

위 도표에 있는 일곱 개의 음성자질만으로 세계의 어떤 자음이든지 명세할 수 있는 것은 아니다. 우선 국어의 ㄱ, ㅋ, ㄲ, ㄷ, ㅌ, ㄸ 등의 구별은 ㄲ, ㄸ을 단자음으로 보지 않고 중자음(geminate)으로 본다고 하더라도, ㄱ,

ㄷ을 ㅋ, ㅌ으로부터 구별하려면 기식(氣息 aspiration)의 유무 명세가 필요하며, 된소리를 단자음으로 보면 긴장성인 [+tense]와 이완성인 [−tense]의 명세도 필요할 것이다. 즉,

(12.7) 국어 저해음의 이분적 분류

|  | 보통소리<br>ㄱ,ㄷ,ㅂ,ㅈ | 거센소리<br>ㅋ,ㅌ,ㅍ,ㅊ | 된소리<br>ㄲ,ㄸ,ㅃ,ㅉ | 보통소리<br>(유성음<br>사이에서) |
|---|---|---|---|---|
| aspirate(氣息性) | + | + | − | − |
| tense(緊張性) | − | + | + | − |

위에서와 같이 이분법에 쓰이는 음성자질을 **변별적자질**(辨別的資質, Distinctive Features)이라고 하는데, "변별적"이란 이름은, 조음적으로나 음향적으로 다른 소리라 할지라도, 그러한 차이점이 아무 언어에서도 대조적으로 쓰이지 않을 때, 즉 어사의 의미를 변별하는 기능을 발휘하지 않을 때는, 이러한 비(非)변별적인 음성자질은 어음기술에서 제외해도 된다는 신념에서 유래한다. 자음과 모음에서 한 가지씩만 예를 들어보자.

어느 자음 분류표를 보더라도 양순음(bilabial)과 순치음(labiodental)의 조음위치의 차이를 구별한다. 그러나 이 두 조음위치와 조음방식에는 거의 보편적인 잉여관계가 있다. 즉 양순음은 언제나 파열음이며, 순치음은 대체로 마찰음이라는 사실이다. 다시 말하면 순치파열음은 발성할 수 없으며 (치아 사이로 공기가 새어나가기 때문에), 양순마찰음과 순치마찰음이 변별적으로 쓰는 언어도 없다.[9] 그렇다면 구태여 양순 조음위치와 순치 조음위치를 구별할 필요가 있겠는가?

---

9　예외적으로 Ghana의 Ewe어에서는 순치마찰음(labiodental fricative)과 양순마찰음 (bilabial fricative)이 변별적으로 쓰인다. (4.5)의 예 참조.

모음에서 한 예를 들어보자. 전통적인 조음음성학의 모음도를 보면 중설(cenral)모음과 후설(back)모음을 구별한다. 그런데 앞에서도 잠깐 언급했지만 중설모음은 비원순모음임에 비하여 후설모음은 원순모음이라는 잉여관계가 있다. 다시 말하면 원순고모음 [u]와 비원순고모음 [ɯ], 원순중모음 [o]와 비원순중모음 [ɤ]가 변별적으로 쓰이는 언어는 없다. 또 비원순중설모음 [ɨ]와 비원순후설모음 [ɯ]가 변별적으로 쓰이는 언어도 없다. 그러니까 중설과 후설의 구별은 원순성의 유무로 할 수 있으므로, 중설/후설의 대립은 무시해도 된다는 말이 된다. 즉 중설은 [+back, −round]로, 후설은 [+back, +round]로 명세함으로써 변별적이 아닌 음성자질은 음성 기술의 대상에서 제외하고 변별적 역할을 하는 음성자질만으로 음성 기술을 하자는 데에서 "변별적"자질이라는 말이 나오게 된 것이다.

위와 같은 변별적자질에 의한 이분법적인 분류가 조음적 분류보다 기능적이고 간결하다는 사실 이외에 또 어떤 이론적인 장점이 있을까? 아니면 두 분류방법은 표기상의 변이형(notational variants)에 지나지 않는 것일까? 만약 후자의 경우라면 변별적자질에 의한 분류를 자세히 고찰하고 기술해 볼 이유도 없고, 그러한 표기법을 채택할 필요도 없다. [p]라고 간단히 쓰면 될 것을 구태여 [−sonorant, +consonantal, −nasal, −continuant, +anterior, −coronal, −voice] 등으로 비싼 잉크와 종이와 시간을 소비해가며 거추장스럽게 쓸 필요가 없기 때문이다.

변별적자질의 이론적 타당성과 장점을 한 둘 고찰해 보자. 어느 한 집에 가족 열 명이 살고 있다고 하자. 또 어느 다방엘 들어갔더니 열 사람이 앉아 있었다고 하자. 같은 열 사람씩의 집단이지만 둘 사이에는 차이가 있다. 즉 다방의 열 사람 사이에는 아무런 유기적 관계가 없는 반면, 한 집의 열 사람 사이에는 부부, 형제, 자녀 등과 같은 인척관계가 있다. 말소리는 다방의 고객과 같지 않고 한 집안의 식구와 같다. 말소리 사이에는 유기적 관계가 있기 때문이다. 예를 들면 [p], [t], [k], [b], [d], [g] 등의 소리는 파열음이라는 한 계열을 이루는 한편, [t], [d], [s], [z], [n], [r], [l] 등의 소리는 치경음이라는 한 계열을 이룬다. 이렇게 같은 계열에 속하는 소리들을 **자연음군**(自然音群 natural class)이라고 하는데, 다음에 조금 자세히 보겠지만, 음운규칙은 자연음군에 의하여 작동되고 자연음군에 적용된다. 예를 들어 어느 언어에서 파열음이 두 모음 사이에서 마찰음으로 바뀐다고 하자. 이럴 때 [p]나 [g]만 마찰음으로 바뀌고 나머지 파열음 (예: [b], [d], [t])은 불변하는 경우는 없다. 또 한 예로 치경음이 전설고모음 앞에서 구개음화된다고 하자. 이때 [t]와 [l]만 구개음화되고 나머지 치경음 (예: [s], [z], [d])은 그대로 남는 경우도 없다. 음운현상이 이렇게 산재적이라면 음운 "규칙"이라는 용어가 있지 않을 것이다.

대체로 음운규칙은 한 자연음군에 속하는 모든 어음에 작동하고, 자연음군의 모든 어음에 적용된다. 예를 들어 두 유성음 사이에서 무성자음이 유성음화된다는 규칙이 있다고 하자 (이른바 intervocalic voicing rule). 이때 규칙을 작동하는 유성음은 모음이든 자음이든, 자음이면 조음위치와 방식이 무엇이든 모든 유성음을 지칭하며, 규칙의 적용을 받는 어음도 조음위치와 방식을 망라한 무성자음이다. 그러므로 변별적자질로의 음운규칙 기술은 그만큼 더 합리적이라는 말이 된다. 혹자는 "무성음이 유성음이 된다"는 식의 종래의 서술이 [−voice] → [+voice] 식의 변별적자질에 의한 기술과 다를 것이 없지 않느냐고 질문할지 모른다. 그러나 둘 사이에는 큰 차이가 있다. 그것은 어음을 변별적자질로 명세할 경우, 한 자질의 +/− 를 바꿀 때 다른 자질들은 고정불변하므로, [−voice] → [+voice]라는 규칙은 [p]를 [b]로, [s]는 [z]로, [f]는 [v] 등으로 바꿀 뿐이지만, "무성음이 유성음이 된다"라는 서술에는 반드시 이러한 대응관계의 전제가 없다는 사실이다. 즉 [p]가 [z]로, [s]는 [b]로, [f]는 [n]으로, [t]는 모음 [e]로 바뀌어도 "무성음이 유성음이 되는" 경우이기 때문이다.

어음을 더 작은 음성자질의 구성으로 보기 전에는 바로 위의 예와 같은 부자연스럽고 불가능한 음운현상을 자연스럽고 가능한 음운형상과 체계적으로 구별할 수가 없게 된다. 어음들 자체가 최소단위로서 공기의 분자처럼 다른 어음들과 동등하고 독립된 관계를 지니고 있다면 [p]가 [[b]로 되는 것이 [p]가 [n]이나 [g]나 [a]로 되는 것보다 더 자연스러운 현상이라고 주장할 수 있는 아무런 이론적 근거가 없기 때문이다. 누구하고나 남남관계인 다방 안의 사람들 사이에서, 누군 더 가깝고 누군 더 멀다는 식의 관계를 찾아볼 수 있을까?

언어학을 화학에 비유한다면, 어음은 사물(thing)이고, 변별적자질은 화학원소(chemical elements)이다. 사물을 구성하고 있는 화학원소를 보지 않고서는 물($H_2O$)과 암모니아($NH_3$)와 이산화질소($NO_2$)와 질산($HNO_3$) 사이에 어떤 유기적인 관계가 있고 어떤 공통요소가 있는가를 알 수 없게 된다. 여기에 바로 변별적자질에 의한 어음의 분류와 기술의 이론적 타당성이 있다. 그러므로 이 책에서 음성기호를 자꾸 쓰더라도 그것은 관습과 편리를 위한 약기법에 지나지 않음을 명심해야 할 것이다.

# 13장 음성언어학(Phonetic linguistics)

이 항에서는 음성학이 언어학이론 특히 음운론에 이바지하는 사례를 몇 가지 살펴볼까 한다. 미국의 구조언어학의 시조라고 할 수 있는 Leonard Bloomfield(1887-1949)는 그의 저서 *Language*(1933)에서 음성학은 물리학 실험실에 속한다고 하였다. 이것은 음성학이 언어학과 무관함을 시사한 것이다. 영국에는 아직도 음성학과와 언어학과가 독립된 대학이 있지만, 미국에서는 음성학이 언어학의 한 분야로 간주되고 있다. 그럼에도 불구하고 언어는 말소리이니까 말소리가 무엇인지 연구하는 것이 음성학일 뿐 음성학이 언어학 이론에 기여하는 것은 없다고 생각하는 사람들이 많다. 이러한 생각이 잘못된 것임을 이 항에서 몇 가지 예를 들어 설파하고자 한다.

첫째 예는 자음의 성(聲 voice)이 보여주는 것이다. 공명자음(共鳴子音 sonorant consonants = 비(鼻)자음과 접근음)을 제외하면 저해음(沮害音 obstruent)에는 [p] : [b], [t] : [d], [k] : [g], [f] : [v], [s] : [z] 등 유무성의 대립이 있으며, 많은 언어에서 이 대립이 변별적으로, 즉 별개의 음소(音素 phoneme)로 쓰임은 주지의 사실이다.

그런데 국어를 비롯해서 여러 언어에는 이런 성(voice)의 대립이 없으며, 그뿐만 아니라 대립이 없는 경우에는 무성 자음만 존재한다. 다시 말하면 유성 자음만 있고 무성 자음은 없는 언어는 지구상에 없다. 이러한 언어적 보편성(universality)은 우연이 아니며 여기에는 필연적 이유가 있다.

유성(有聲 voiced)은 자음이든 모음이든 성대의 진동을 의미한다. 앞에서 보았듯이 성대의 진동은 성대를 느슨히 닫고 기류를 공급할 때 생성된다. 그래서 성대를 계속 진동하려면 기류가 구강이나 비강을 통해 계속 밖으로 빠져나가야만 한다. 모음, 비음, 유음 등은 이 필수 요건을 지킨다.

그러나 저해음은 구강에 폐쇄가 있어서 기류의 지속된 흐름이 불가능하다. 입술이나 혀끝으로 구강을 막고 성대를 진동해보라. 구강이 기류를 포용할 수 있을 때까지만 진동이 가능함을 알 수 있을 것이다. 유성 저해음은 무성 저해음에 비해 이만큼 노력이 들고 부자연스러운 소리이다. 자연언어가 무성 저해음을 선호하는 이유이다.

다음과 같은 현상도 유성 저해음이 조음적으로 힘듦을 보여주고 있다. Ohala(1997:688)에 있는 Table 22.1을 보면 Libanon-Neusyrischen어에서 기저형의 유성파열음 중자음(geminate)이 표면형에서 무성으로 바뀐다. (Ohala는 이 예를 Klingenheben 1927에서 따왔다고 함.) 즉 /bb/ → [pp], /dd/ → [tt], /gg/ → [kk]. 예:

(13.1) Libanon-Neusyrischen어

| 기저형 | 표면형 | 의미 |
|---|---|---|
| zabben | zappen | 'verkaufte' (판(賣)) |
| šaddar | šattar | 'schlichte' (닫은) |
| naggib | nakkib | 'trocken' (마른) |

대체로 무성자음이 모음 사이에서 유성음이 되는 것이 자연스런 동화현상이므로, 이는 기대와 상반된다. 그러나 성대진동에는 지속적인 기류의 공급이 필요한데, 구강의 폐쇄로 공기가 대기로 빠져나가지 못하면 구강의 기압이 올라갈 것이고, 중자음이기에 폐쇄기간을 늘리다보면 구강의 기압과 성대 밑의 기압이 같아지면서 성대의 진동이 멈추게 된다. 그러므로 유성중자음이 무성화되는 것은 자연스럽고 기대되는 현상이다.

유성 저해음은 성대진동을 위한 기류의 흐름을 구강이 어느 정도 포용함으로써 유성을 자아낼 수 있다. 이때 구강의 사이즈가 클수록 기류의 포용이 쉽고 작을수록 기류의 포용이 힘들 것이다. 즉 양순음 [b] 발성시의 성대진동이 가장 쉽고 연구개음 [g]의 성대진동이 가장 힘들 것이다. 연구개 뒤의 구강의 사이즈가 작기 때문이다. 이런 이유로 Thai어와 멕시코에 있는 마야족의 Chontal어에선 유성 연구개 파열음이 없다. 다음 도표를 보라. (Ohala 1997:689, Table 22.3에서 따옴)

(13.2) Thai어 파열음 음소

|  | 양순 | 치경 | 연구개 |
|---|---|---|---|
| 무성무기 | p | t | k |
| 유성유기 | p$^h$ | t$^h$ | k$^h$ |
| 유성(무기) | b | d |  |

(13.3) Chontal어 파열음 음소

|  | 양순 | 치경 | 연구개 |
|---|---|---|---|
| 무성 | p | t | k |
| 유성 | b | d |  |
| 분출 | p' | t' | k' |

언어는 **유형의 조화**(pattern congruity)를 모색하고 선호한다고 언어학 교과서는 가르친다. 그러나 자음체계에서 유성연구개음이 없는 것은 음성학적 견지에서 보면 체계의 결함이 아니라 자연스러운 것임을 알게 된다. 국어의 자음체계에도 공백(hole)이 있다. 다음 도표를 보라.

(13.4) 국어의 저해자음 체계

|  | 양순 | 치경파열 | 치경마찰 | 경구개 | 연구개 |
|---|---|---|---|---|---|
| 예사소리 | ㅂ | ㄷ | ㅅ | ㅈ | ㄱ |
| 거센소리 | ㅍ | ㅌ |  | ㅊ | ㅋ |
| 된소리 | ㅃ | ㄸ | ㅆ | ㅉ | ㄲ |

마찰음 계열에 거센소리가 없어서 체계의 조화가 깨져있음을 볼 수 있다. 국어화자는 조화의 미(美)를 모르기 때문일까? 조음적으로 볼 때 거센소리(격음 激音)는 중유기음(重有氣音 heavily aspirated)이다. 유기음은 날숨을 동반한다. 그런데 마찰음은 파열음과 달리 구강폐쇄 동안에 계속 좁은 간극으로 공기가 계속 새나온다. 그러므로 마찰음에선 기식의 유무가 있을 수 없는 것이다.

또 하나의 예는 기식(氣息 aspiration)과 중화(中和 neutralization)와의 관계이다. 국어, 타이어, 힌디어 등 기식이 변별적인 언어에서, 자음 앞이나 어말에서는 유기음(aspirated)과 무기음(unaspirated)의 대립이 중화된다. 성(voice)의 경우, 독일어에선 어말에서 유무성이 중화되어 무성이 되지만 (예: *Tag* [tak] 'day'), 자음 앞에서 중화되지 않으며, 영어를 포함한 다른 언어에선 어말의 성의 중화가 없다 (예: 영어 *cab* : *cap*, *bed* : *bet*, *tag* : *tack*, *save* : *safe*, *bus* : *buzz*, *ridge* : *rich* 등).

그러면 기식의 중화는 우연적인 현상인가 필연적인 현상인가?

우리는 기식을 위 I.2.3에서 VOT(=voice onset time 성대진동 시발점)로 규정하였다. 즉 구강폐쇄가 개방된 뒤 얼마 만에 성대진동이 일어나느냐 하는 것이었다. 그래서 성대진동이 구강폐쇄와 동시이거나 바로 뒤따르면 이를 무기(unaspirated)라고 했고, 한동안 뒤에 성대진동이 따르면 유기(aspirated)라고 했다. 그런데 유기음 뒤에 오는 자음이 무성이거나 어말에서는 성대진동이 없다. 거리를 재려면 시간이든 공간이든 두 조회점 (reference point)이 필요하다. 그런데 첫 조회점(구강폐쇄의 개방)만 있고 둘째 조회점(성대진동의 시작)이 없으면 거리의 측정이 불가능하게 된다. 그러니 기식의 변별이 중화될 수밖에!

이 중화현상은 기식의 재래식 정의 - "a puff of air following the release

of a stop" (구강폐쇄의 개방에 이은 공기 한 모금) - 가 왜 잘못된 것임을 말해주기도 한다. 왜냐하면 한 모금의 공기가 자음 앞에서나 어말에서 있을 수도 있고 없을 수도 있기 때문이다. 우리는 잎[ipʰ]이나 *cup*의 끝자음 [p]를 공기 한숨(=기식)을 뿜으며 발음할 수도 있고 기식 없이 발음할 수도 있다. 그런데 왜 국어에서 잎과 입이 중화되며, 유기/무기가 변별적인 국어와 어족이 다른 언어에서도 기식의 중화가 일어날까? 한숨의 유무로는 설명할 수 없으며, 기식을 시간의 거리(VOT)로 정의해야만 설명이 가능하고 타당함을 알 수 있게 된다.

마지막으로 음성현상과 음운규칙 사이의 관계를 보자.

음운규칙은 투명하게(transparently) 최대한으로(maximally) 적용된다. "투명하게"라는 말은 어떤 음운규칙이 적용될 수 있는 여건(환경)이 주어지면, 이 규칙은 반드시 적용되어야 하며, "최대한"으로란 말은 규칙이 적용될 수 있는 모든 경우에 예외 없이 적용됨을 뜻한다. 구체적으로 규칙 X가 A라는 어형에 적용하여 어형 B를 산출하였는데, 이 어형이 규칙 Y가 적용될 수 있는 어형이면 규칙 Y가 적용됨이 원칙이다. 이때 규칙 X와 Y가 급여(feeding) 관계에 있다고 한다. 만약 규칙 X가 없으면 규칙 Y가 B에 적용될 수 있는데, X의 적용으로 Y가 적용될 수 없게 되면 이를 두 규칙이 출혈(bleeding) 관계에 있다고 한다. 규칙 X의 적용으로 규칙 Y가 적용될 수 있음에도 불구하고 적용되지 않는 경우는 두 규칙이 역급여(逆給與 counter-feeding) 관계에 있다고 한다 (Kiparsky 1972). 역급여는 최대적용원리를 범하기 때문에 음운론에서 고가(高價)의 예외로 취급되고 있다. 이제 영어에 있는 다음의 음운현상을 보자.

영어에서 치경음 [t, d, s, z]은 권설음 [r] 앞에서 조음위치가 후퇴하여 경구개치경음(palato-alveolar)이 된다. 그리하여 *tree, truck, dry, shrimp* 등의 발음은 [tri], [trʌk], [draɪ], [srɪmp]이기보다는 [ʧri], [ʧrʌk], [ʤraɪ], [ʃrɪmp]에 가깝다. (초기 외래어 전사에서 ㅌ이라는 한글자가 있음에도 불구하고 *tree, truck*을 (크리스마스) **츄리, 추럭**으로 전사한 것은 r 앞의 영어의 t가 [t]보다는 [ʧ]에 더 가깝게 들렸음을 말해준다. 또 영어엔 chr-[ʧr-], jr-[ʤr-]의 어형이 없으며, sr-의 어형도 없다.)

영어에 있는 또 하나의 음운규칙은 강세가 없는 [ə]는 자주 탈락된다는 것이다. 다음이 그런 예이다.

(13.5)

　　　suppose [səpoʊz] → [spoʊz] '가정하다'
　　　potato [pəteɪtoʊ] → [pteɪtoʊ] '감자'
　　　derive [dəraɪv] → [draɪv] '유래하다'

여기서 주목할 어형이 마지막 어휘 *derive* [dəraɪv] → [draɪv]이다. 이 음형은 *drive* [draɪv] '운전하다'와 같다. 그러면 [r] 앞의 [d]의 조음위치가 후퇴하는 규칙에 따라 [dəraɪv]에서 온 [draɪv]의 [d]도 후퇴하여 [ʤraɪv]가 되어야 한다. 그러나 이 음형은 [ʤraɪv]가 되지 않고 [draɪv]로 남는다. 그리하여 최대적용원리를 어기게 되며, 역급여 현상을 생성하는 값비싼 예외가 된다.

그러나 이런 반칙에 그런 벌금을 내야 하는 것이 타당할까? 청자의 입장에서 볼 때 이 현상은 오히려 바람직하고 수긍할만한 사실이다. 무강세 모음 [ə]를 잃은 [draɪv]가 급여적으로 [ʤraɪv]가 된다면, 예외가 없어지고 최대적용원리를 지키게 되어 더 이상적이고 예외 없는 문법체계를 이룬다고 주장할 수도 있다. 그러나 여기서 희생되는 것은 *drive*와 *derive*가 동음이의어가 되어 두 어형 사이의 구별이 없어지게 된다는 사실이다. 어느 쪽이 더 바람직한 현상일까? 동음이의어가 많을수록 통신의 효능은 그만큼 줄어든다. 청자의 입장에서는 역급여적 규칙순이 단연 더 이상적이라고 할 것이다.

국어에도 비슷한 현상이 있는 듯하다.

역사적으로 이중모음이 전설모음화되어 단모음이 되면서 ㅐ [aj]가 [ɛ]로, ㅔ [ej]가 [e]로, ㅚ [oj]가 [ø]로, ㅢ [ɨj]가 [i]로 되었다. ㅢ [ɨj] → [i]의 예로 **어듸, 잔듸, 무늬** 등이 있다. 한편 치경음 ㄴ, ㅅ은 어중에서도 구개음화되어 [ɲ]와 [ʃ]로 발음된다. 예: **옷이** /osi/ [oʃi], *[osi], **가니** /kani/ [kaɲi], *[kani]. 그러나 저자는 **보니**[poɲi]와 **본의**(本意)[poni], 그리고 **문이**(門이)[muɲi]와 **무늬**[muni]를 구별한다. **본의**(本意)[poni]와 **무늬**[muni]의 [n]을 구개음화 하지 않는 것은 역급여적인 예외이며 최다적용원리를 범한 바람직하지 않은 현상이다. 그러나 청자의 입장에서 보면 최소동음이의어 창출원리를 준수한 바람직한 현상이라고 볼 수 있다. (이러한 구별이 젊은 세대에서는 사라지고 있는 듯하다.)

이 항에서는 음성현상이 음운론 및 언어이론의 해명에 이바지하는 예를 몇 보았다. 이제 연습문제 (7) 뒤에서 이 책을 마무리 짓기로 한다.

## 연습문제 (7)

1. 다음 각 사항에서 한 어음만 빼놓고 모두 자연음군(natural class)에 속한다. 이 자음군이 무엇인가 변별적자질로 제시하고, 예외가 되는 어음을 지적하라.

   예: [p, ph, g, m, k]. 자연음군: 양순음(bilabial) [+ant, -cor]. 예외: [k]
   ㄱ. [g, p, b, d, z]
   ㄴ. [f, p, s th, v]
   ㄷ. [i, e, æ, ε, u, ]
   ㄹ. [m, n, b, ng, ɲ]
   ㅁ. [v, b, z, ʃ, f]
   ㅂ. [k, b, p, t, v]
   ㅅ. [i, u, o, a, ε]
   ㅇ. [t, d, m, s, l]
   ㅈ. [k, ɤ, ʤ, f, y]

2. 다음에 열거한 변별적자질을 판독하라. 불가능한 어음이 있으면 X로 표시하라.

   [⁻son, +cons, ⁻nasal, ⁻cont, +ant, +cor, +voice] = [   ]
   [⁻son, +cons, ⁻nasal, ⁻cont, ⁻ant, ⁻cor, ⁻voice] = [   ]
   [⁻son, ⁻cons, ⁻nasal, +cont, +ant, ⁻cor, ⁻voice] = [   ]
   [+son, +cons, -nasal, +cont, +ant, -cor, +voice] = [   ]
   [+son, +cons, +nasal, ⁻cont, ⁻ant, ⁻cor, +voice] = [   ]
   [⁻son, +cont, ⁻nasal, +cont, -ant, +cor, ⁻voice] = [   ]
   [+son, +cont, ⁻nasal, +cont, +ant, +cor, +voice] = [   ]

3. 다음 표에 있는 음소들의 변별적자질을 명시하라.

|  | s | p | o | r | ts | ㅊ | ㅏ | ㄴ | ㅁ | ㅣ |
|---|---|---|---|---|---|---|---|---|---|---|
| sonorant | | | | | | | | | | |
| consonantal | | | | | | | | | | |
| nasal | | | | | | | | | | |
| continuant | | | | | | | | | | |
| anterior | | | | | | | | | | |
| coronal | | | | | | | | | | |
| voice | | | | | | | | | | |
| aspirate | | | | | | | | | | |
| high | | | | | | | | | | |
| low | | | | | | | | | | |
| back | | | | | | | | | | |
| round | | | | | | | | | | |

4. [strident]란 변별적자질은 무엇인가? 치찰음과 어떻게 다른가?

5. 다음 규칙을 예를 들며 해설하라.

    1. V → [+nasal] / ____ [+nasal]

    2. [-sonorant] → [-voice] / ____ #

    3. 0 → [ɹ] / V ____ V[-high]

# 맺는 말

17세기 영국의 시인 Alexander Pope(1688-1744)는 그의 시 *An essay on criticism*(1711)에서 "The sound must seem an echo to the sense"(소리는 뜻의 메아리가 되어야 한다)고 하였다. Pope의 원의(原義)는 시에서의 음성상징이 의미를 반영해야만 한다는 것이지만 (예를 들어 잔잔한 미풍은 부드러운 공명음으로, 거센 파도는 거친 저해음으로 시행(詩行)이 이루어져야 함 - 졸저『언어』3판, 345-7쪽 참조), 더 넓게 해석해서 인간의 모든 감각이 말소리로 묘사되고 전달되어야만 된다는 뜻이라고도 할 수 있다.

동물세계에도 소리가 있긴 하지만 언어가 없는 동물에서의 소리의 역할은 매우 적다. 인류의 진화에 언어가 발생하고, 언어의 매개체로 소리가 택해짐에 따라 소리의 중요성과 필수성이 급상승하였다. 그런데 발성기관은 언어의 출현을 전제하고 진화된 기관이 아니다. 2차 진화를 겪은 발성기관의 구조와 동작을 살펴보면 소리 없는 언어의 진화는 상상하기 힘들다.

언어는 인간을 다른 동물과 구별하는 유일한 척도이자 문명의 발생을 가능하게 한 변수이다. 인간은 언어가 있기 때문에 인간 특유의 감정의 하늘과 지성의 세계를 날 수 있었다. 문학에서 과학, 농업에서 상업, 예술에서 의술에 이르기까지 인간이 지은 문명의 바벨탑은 모두 언어 때문에 가능했다고 할 수 있다.

이러한 언어의 원소(元素 atom)는 소리이다. 소수의 청각장애인을 제외하면 말소리는 우리가 마시는 공기나 물 만큼이나 우리의 삶에 불가결한 요소이다. 그러므로 반드시 언어학도가 아니라도 인문학도나 교양인이라면 언어의 매개체인 언어음의 발생, 전달, 및 지각과정을 알아야 할 것이다.

이 과정이 얼핏 생각하듯 단순하고 단선적이 것이 아니다. "말 고리"항에서 보았듯, 말소리는 화자의 세포작용에서 근육작용, 근육작용에서 물리 작용, 물리 작용에서 청자의 근육작용, 다시 근육작용에서 세포작용으로 이어지는 몇 단계의 변형을 거친다. 그런데 두 매개체 사이에 늘 1 대 1의 상관관계가 있는 것이 아니다. 화자와 청자는 밀고 당기면서 신호가 안전하고 완전하게 전달되도록 책략을 쓰며, 또 인간의 인식세계 및 언어의 본성(예를 들면 언어 단위 범주의 경계)이 어음의 인지에 크게 작용한다. 자연음과 다른 언어음의 본질과 그 생성, 전달, 및 지각과정을 이 졸저에서 정리해서 기술해 보았다.

30년 벼르던 책을 3개월에 쓰는 과정에서 빠진 것과 틀린 것이 있을 것이다. 이것들은 몇 해 후 『깁더본』[1]을 낼 때 다룰 것을 기약하면서 이만 펜을 놓는다.

---

[1] 『깁더』는 김두봉(1889-1961?)의 『깁더 조선말본』(1922)에서 빌린 것으로, 『깁더 본』이란 "깁고 더한 본", 즉 "개정증보판"이란 뜻이다.

## ▐ 참고문헌 ▐

강석근. 2018. "흑인영어의 자음탈락에 대한 재고: 최적성이론 분석".『원광대 학교 논문집』33:277-290.

강용순. 2011.『영어 강세의 이론과 실제』. 서울: 글로벌콘텐츠 출판사.

김영송. 1975.『우리말 소리의 연구』. 서울: 샘문화사.

김진우. 1976. "국어음운론에 있어서의 모음음장의 기능".『語文硏究』9:47-56. 충남대학교.

――. 1988. "지각적 음운론 서론".『言語小典』I, pp. 405-419. 서울: 탑출판 사.

――. 1981. "시조의 운율구조의 새고찰".『한글』173/174:299-325.

――. 2008. "국어음절론".『한글』282:5-33.

――. 2017.『언어: 이론과 그 응용』. 제3판. 서울: 한국문화사.

김형엽. 2005. "『조선문법』에 나타난 음성학 연구 방법에 대한 고찰".『인문언 어』7.

모윤숙. 2006. "Acoustic study of Korean vowel devoicing". 이상억, 박충연, 윤혜석 편: *Promenades in Language*. pp. 461-483. 서울: 한국문화사.

박시균. 2013.『한국어 음성 음운 교육론』. 서울: 한국문화사.

박주현. 1997. "한국어의 운율 유형."『조항근선생 화갑기념논총』, pp. 245-274. 충북대학교.

박충연. 2012.『실용영어음성학』. 서울: 도서출판 월인.

손형숙. 2019. "영어와 한국어의 CVCV 구조에서 폐쇄음의 유무성이 모음의 지속시간에 미치는 영향."『새한영어영문학』61:139-160.

신지영. 2014.『말소리의 이해』. 개정판. 서울: 한국문화사.

이상억. 1993. "쉽게 쓴 국어음성학."『새국어생활』3.1:208-232. 국립국어연 구원.

이석재 외. 2003. "한국인의 영어 음성 코퍼스: 실제 및 구축".『말소리』 46:159-174.

이호영. 1996.『국어음성학』. 서울: 태학사.

전상범. 1992.『영어음성학』. 서울: 을유문화사.

최명옥. 1998. "현대국어의 성조소 체계."『국어학』31:23-52.

최한숙. 2011. "발화와 인식의 상호작용: 폐쇄음과 모음간의 길이변화를 통한 고찰."『언어』36(3):815-842.

허웅. 1963.『국어음운학』. 서울: 정음사.

Abercrombie, D. 1967. *Elements of General Phonetics*. Edinburgh, GB: Edinburgh University Press.

Ahn, Sang-Cheol (안상철). 2010. "On the evolution of the laryngeal contrasts in Korean."『음성 음운 형태론 연구』15:465-484.

Ashby, M. and J. Maidment. 2005. *Introducing Phonetic Science*. Cambridge, GB: Cambridge University Press.

Ball, M. J. and Joan Rahilly. 1999. *Phonetics: The Science of Speech*. Oxford, GB: Oxford University Press.

Beach, D. M. 1938. *The Phonetics of the Hottentot Language*. Cambridge: W. Heffer and Sons Ltd.

Bloomfield, L. 1933. *Language*. New York, NY: Henry Holt.

Blumstein, S. E. 1991. "The relation between phonetics and phonology". *Phonetica* 48(2-4):108-119.

Bolinger, D. L. 1958. "A theory of pitch accent in English". *Word* 14:109-149.

Borden, Gloria J. Katherine. S. Harris, and L. J. Raphael. 1994. *Speech Science Primer: Physiology, Acoustics, and Perception of Speech*. 3rd ed. Baltimore, MD: Williams &Wilkins.

Brosnahan, L. F. and B. Malmberg. 1970. *Introduction to Phonetics*. Cambridge, GB: Cambridge University Press.

Browman, C. P. and L. M. Goldstein. 1992. "Articulatory phonology: an overview". *Phonetica* 49:155-180.

Catford, J. C. 1977. *Fundamental Problems in Phonetics*. Bloomington and London: Indiana University Press.

Choi, Hansook (최한숙). 2003. "Acoustic cues for Korean stop contrast -- Dialectal variation". *ZAS Papers in Linguistics* 28:1-12. Berlin, Germany.

Chomsky, N. and M. Halle. 1968. *The Sound Pattern of English*. New York, NY: Harper and Row. [국역본. 『영어의 음성체계』. 전상범 역. 1993. 서울: 한신문화사.]

Clark, J. and C. Yallop. 1995. *An Introduction to Phonetics and Phonology*. 2$^{nd}$ ed. Oxford, GB:: Blackwell. [국역본. 『음성학과 음운론』. 구희산 외 옮김. 1998. 서울: 한신문화사.]

Cole, J., Y. Mo (모윤숙) and M. Hasegawa-Johnson. 2010. "Signal-based and expectation-based factors in the perception of prosodic prominence". *Laboratory Phonology* 1(2):425-452.

Daniloff, R. and K. Moll. 1968. "Coarticulation of lip rounding". *Journal of Speech and Hearing Research* 11:707-721.

Dart, S. 1987. "An aerodynamic study of Korean stop consonants: Measurements and modeling". *Journal of Acoustic Society of America* 81(1):138-147.

Delattre, P., A. M. Liberman, and F. S. Cooper. 1955. "Acoustic loci and transitional cues for consonants". *Journal of Acoustic Society of America* 27:769-73. [Reprinted in D. B. Fry Ed.: *Acoustic Phonetics: A Course of Basic Readings*, pp. 273-283. 1976. Cambridge: Cambridge University Press.]

Denes, P. B. and E. N. Pinson. 1993. *The Speech Chain: The Pysics and Biology of Spoken Language*. 2$^{nd}$ ed. Oxford, GB: W. H. Freeman and Co.

Farnetani, Edda. 1997. "Coarticulation and connected speech processes". In Hardcastle & Laver, pp. 371-404.

Fromkin, Victoria A. Ed. 1985. *Phonetic Linguistics*. New York, NY: Academic Press.

Fry, D. B. Ed. 1976. *Acoustic Phonetics: A Course of Basic Readings*. Cambridge, GB: Cambridge University Press.

———. 1979. *The Physics of Speech*. Cambridge, GB: Cambridge University Press.

Fujimura, O. and Donna Erickson. 1997. "Acoustic phonetics". In Hardcastle & Laver, pp. 65-115.

Goldsmith, J. 1990. *Autosegmental and Metrical Phonology:* Oxford: Blackwell.

Hadding-Koch, K. and M. Studdert-Kennedy. 1964. "An experimental study of some intonation contours". *Phonetica* 11:175-185.

Halle, M. and K. N. Stevens. 1971. "A note on laryngeal features". *Quarterly Progress Report*, No. 101. MIT Research Laboratory of Electronics.

Halliday, M. A. K. 1967. *Intonation and Grammar in British English.* The Hague: Mouton.

———. 1970. *A Course in Spoken English: Intonation.* Oxford, GB: Oxford University.

Hardcastle, W. J. and J. Laver. Eds. 1997. *The Handbook of Phonetic Sciences.* Oxford, GB: Blackwell Publishers.

Heffner, R. M. 1950. *General Phonetics.* Madison, WI: University of Wisconsin Press.

Henton, C., P. Ladefoged, and I. Maddieson. 1992. "Stops in world languages". *Journal of Phonetics* 2(2):145-152.

Hooper, Joan. 1976. *An Introduction to Natural Generative Phonology.* New York, NY: Academic Press.

Jakobson, R. 1962. "Why 'mama' and 'papa'?" *Selected Writings* I, pp. 538-545. The Hague: Mouton.

———, G. Fant, and M. Halle. 1951. *Preliminaries to Speech Analysis.* Cambridge, MA: MIT Press.

———, and M Halle. 1956. *Fundamentals of Language.* The Hague: Mouton.

Jespersen, O. 1926. *Lehrbuch der Phonetik.* Leipzig, Germany.

Johnson, K. 1997. *Acoustic and Auditory Phonetics.* Oxford, GB: Blackwell.

Jones, D. 1962. *An Outline of English Phonetics.* 9th ed. Cambridge: Heffer.

Jun, Sun-Ah (전선아). 2018. *The Phonetics and Phonology of Korean Prosody.* London and New York: Routledge.

―――. 1998. "The accentual phrases in the Korean prosodic hierarchy". *Phonology* 15(2):189-226.

Kang, Ongmi (강옥미). 1993. *Korean Prosodic Phonology*. Seoul, Taehaksa.

Keating, Patricia A. 1988. "The phonology-phonetics interface". In F.J. Newmeyer Ed.: *Linguistics: The Cambridge Survey*, pp. 281-302. Cambridge, GB: Cambridge University Press.

―――. 1990. "Phonetic representations in a generative grammar". *Journal of Phonetics* 18(3):321-334.

Kim, C.-W (김진우). 1965. "On the autonomy of tensity feature in stop classification: With special reference to Korean stops". *Word* 21:339-359. [재수록: 『言語小典』(*Sojourns in Language*) I, 1988, pp. 12-33]

―――. 1967. "A cineradiographic study of Korean stops". *Quarterly Progress Report*, No. 86, pp. 259-272. MIT Research Laboratory of Electronics.

―――. 1970. "A theory of aspiration". *Phonetica* 21:107-116. [재수록:『言語小典』(*Sojourns in Language*) I, 1988, pp. 73-82]

―――. 1975. "Models of speech production". In T. Storer & D. Winter Eds.: *Formal Aspects of Cognitive Processes*, pp. 142-159. Springer-Verlag. [재수록: 『言語小典』(*Sojourns in Language*) I, 1988, pp. 167-188]

―――. 1978. "Experimental phonetics". In W. O. Dingwall Ed.: *A Survey of Linguistic Science*. 2nd ed. Stamford, CT: Greylock Publishers. [재수록: 『言語小典』(*Sojourns in Language*) I, pp. 112-161]

―――. 1984. "The rhythmic structure of *sijo*: A metrical account". *Journal of East Asian Languages* I:10-20. University of Hawaii-Manoa.

―――. 1988. "From segments to features". 『言語小典』(*Sojourns in Language*) I, pp. 189-226. 서울: 탑출판사.

―――. 1997. "Phonology for the hearer". 황계정 외:『언어의 미학』. pp. 341-372.

―――. 2010. "Acoustic phonetics". In Kristten Malmkjaer Ed.: *Encyclopaedia of Linguistics*, 3rd ed., pp. 1-9. London and New York: Routledge. [재수록:『言語小典』(*Sojourns in Language*) I, pp. 233-246]

————. 2017. "Covert vowel length in Korean". *Lingua Humanitatis* 19(2):13-21.

Kim, Gyung-Ran (김경란). 2001. "Manner assimilation in Korean". 『어학연구』 37(1):157-175.

Kim-Renaud, Y.-K. (김영기). 2009. *Korean: An Essential Grammar*. New York, NY: Routledge.

Kiparsky, P. 1972. "Explanation in phonology". In S. Peters Ed.: *Goals in Linguistic Theory*. Englewood Cliffs: NJ. Prentice-Hall. [Reprinted in his *Explanation in Phonology*, pp. 81-118, 1982. Dordrecht, Holland: Foris Publications.

Kubozono, H. 1988. *The organization of Japanese prosody*. Ph D dissertation, University of Edinburgh.

Ladd, D. R. 1996. *Intonational Phonology*. Cambridge: Cambridge University Press.

Ladefoged, P. 1960. "The value of phonetic statements". *Language* 36:387-396.

————. 1967. "Units in the perception and production of speech". In his *Three Areas of Experimental Phonetics*, pp. 143-172.

————. 1968. *A Phonetic Study of West African Languages*. 2nd ed. Cambridge University Press.

————. 1971. *Preliminaries to Linguistic Phonetics*. Chicago, IL: University of Chicago Press.

————. 1996. *Elements of Acoustic Phonetics*. 2nd ed. Chicago, IL: University of Chicago Press.

————, and K. Johnson. 2015. *A Course in Phonetics*. 7th ed. Thompson Wadsworth.

————, and I. Maddieson. 1996. *The Sounds of the World's Languages*. Oxford: Blackwell.

Lane, H. L. 1965. "The motor theory of speech perception: A critical review". *Psychological Review* 72:275-309.

Laver, J. 1994. *Principles of Phonetics*. Cambridge: Cambridge University

Press.

Lee, Ponghyung (이봉형). 2017. "The contrast transitions in Korean vowels: An Information-theoretic perspective". *Phonological Studies* 20:87-94. Phonological Society of Japan.

Lehiste, Ilse. Ed. 1967. *Readings in Acoustic Phonetics.* Cambridge, MA: MIT Press.

———. 1970. *Suprasegmentals.* Cambridge, MA: The MIT Press.

Liberman, A. M., K. S. Harris, H. S. Hofffman, and B. C. Griffith. 1957. "The discrimination of speech sounds within and across phoneme boundaries". *Journal of Experimental Psychology* 54:358-368. [Reprinted in D. B. Fry Ed.: *Acoustic Phonetics: A Course of Basic Readings*, pp. 333-347. 1976. Cambridge: Cambridge University Press.]

Lieberman, P. 1967. *Intonation, Perception and Language.* Cambridge, MA: MIT Press.

———. 1977. *Speech Physiology and Acoustic Phonetics: An Introduction.* New York, NY: Macmillan.

Lily, John C. 1961. *Man and Dolphin: Adventures of a New Scientific Frontier.* Garden City, NY: Doubleday.

———. 1967. *The Mind of the Dolphin: A Nonhuman Intelligence.* Garden City, NY: Doubleday. 1967.

Lisker, L. and A. S. Abramson. 1964. "A cross-language study of voicing in initial stops: Acoustical measurements". *Word* 20:385-387.

Lofqvist, A. 1997. "Theories and models of speech production". In Hardcastle and Laver, pp. 405-426.

MacKay, I. R. A. 1978. *Introducing Practical Phonetics.* Boston, MA: Little, Brown and Co.

McCawley, J. D. 1968. *The Phonological Component of a Grammar of Japanese.* The Hague: Mouton.

———. 1977. "Accent in Japanese". In L. Hyman Ed.: *Studies in Stress and Accent* (USC Occasional Papers in Linguistics 4, Los Angeles, CA), pp.

251-302.

McQueen, J. M. and Anne Cutler. 1997. "Cognitive processes in speech perception". In Hardcastle and Laver, pp. 566-585.

Maddieson, I. 1984. *Patterns of Sounds.* Cambridge: Cambridge University Press.

Malmberg, B. 1963. *Phonetics.* New York, NY: Dover Publications, Inc.

Martinet, A. 1955. *Economie des changements phonetiques.* Berne: Franke.

Miller, G. A. 1981. *Language and Speech.* San Francisco, CA: W. H. Freeman and Co.

Moses, E. R. 1964. *Phonetics: History and Interpretation.* Englewood Cliffs, NJ: Prentice Hall, Inc.

Moulton, W. G. 1962. "Dialect geography and the concept of phonological space". *Word* 18:23-32.

Ohala, J. J. 1970. "Aspects of the control and production of speech". *UCLA Occasional Papers in Phonetics* No. 15.

―――. 1997. "The relation between phonetics and phonology". In Hardcastle and Laver 1997, pp. 674-694.

Park, Choong-Yon (박충연). 2006. "A trend of Open Rounded Back /ɒ/ distribution in American English". *Lingua Humanitatis* 8:313-329.

Perkell, J. S. 1969. *Physiology of Speech Production.* Cambridge, MA: MIT Press.

Peterson, G. E. and H. L. Barney. 1952. "Control methods used in a study of the vowels". *Journal of Acoustic Society of America* 50:175-184.

Pirrehumbert, Janet. 1987. *The Phonetics of English Intonation.* Bloomington, IN: Indiana University Linguistics Club.

―――. 1990. "Phonological and phonetic representations". *Journal of Phonetics* 18(3):375-394.

Pike, K. L. 1943. *Phonetics.* Ann Arbor, MI: University of Michigan Press.

―――. 1991. "The whole theory of sound structure". *Phonetica* 48:223-232.

Pisoni, D. B. and J. H. Lazarus. 1974. "Categorical and noncategorical models of speech perception along the voicing continuum". *Journal of Acoustic Society of America* 55:328-333.

Saussure, F. De. 1960. *Course in General Linguistics.* Trans. by Wade Baskin. London.

Seo, Misun (서미선). 2011. "Syllable Contact". In van Oostendorp, Marc, Colin Ewen, Elizabeth Hume, and Keren Rice, Eds.: *Companion to Phonology*, pp. 1245-1262. Wiley-Blackwell.

Stetson, R. H. 1951. *Motor Phonetics.* 2nd ed. Amsterdam: North Holland.

Stevens, K. N. 1989. "On the quantal nature of speech". *Journal of Phonetics* 17:1-33.

―――. "Articulatory-acoustic-auditory relationships". In Hardcastle and Laver 1997, pp. 462-506.

―――. 2000. *Acoustic Phonetics.* Cambridge, MA: MIT Press.

Sung, Jae-Hyun (성제현) and Jin-hyung Kim (김진형). 2019. "The three-way contrast of conversational Korean stops". *The Journal of Studies in Language* 34(4):649-660.

Tatham, M. A. A. 1971. "Model building in phonetic theory". *Language Sciences* 14:16-19.

Warren, R. M. 1970. "Perceptual restoration of missing speech sounds". *Science* 167(3917):392-393.

Welmers, W. E. 1959. "Tonemics, morphophonemics, and tonal morphemes". *General Linguistics* 4:1-9.

Whitaker, H. A. 1970. "Some constraints on speech production models". *Occasional Papers* 9:1-13. University of Essex Language Centre.

Yip, Moira. 2002. *Tone.* Cambridge: Cambridge University Press.

Yoon, Tae-Jin (윤태진). 2017. "Growth curve modeling of nucleus F0 on Korean accentual phrase". *Phonetics and Speech Sciences* 9(3):17-23.

# ▮ 찾아보기 ▮

## 1. 국문(영문)

## 2. 영문(국문)